中国式现代化二十讲

中央党校（国家行政学院）
习近平新时代中国特色社会主义思想研究中心　编　著

五洲传播出版社

图书在版编目(CIP)数据

中国式现代化二十讲 / 中央党校(国家行政学院)习近平新时代中国特色社会主义思想研究中心编著 . -- 北京 : 五洲传播出版社 , 2023.9

ISBN 978-7-5085-5094-7

Ⅰ . ①中⋯ Ⅱ . ①中⋯ Ⅲ . ①现代化建设—研究—中国 Ⅳ . ① D61

中国国家版本馆 CIP 数据核字 (2023) 第 166629 号

中国式现代化二十讲

编　　著：中央党校(国家行政学院)习近平新时代中国特色社会主义思想研究中心
出 版 人：关　宏
责任编辑：王　峰
策　　划：常武显
出版发行：五洲传播出版社
地　　址：北京市海淀区北三环中路 31 号生产力大楼 B 座 6 层
邮　　编：100088
发行电话：010-82005927　010-82007837
网　　址：http://www.cicc.org.cn　http://www.thatsbooks.com
排版制作：北京嘉悦信包装有限公司
印　　刷：北京市房山腾龙印刷厂
版　　次：2023 年 10 月第 1 版第 1 次印刷
开　　本：710mm×1000mm　1/16
印　　张：13
字　　数：121 千字
定　　价：68.00 元

目　　录

序言

如何以中国式现代化履行中国共产党使命任务

洪向华

党的二十大报告指出，新时代新征程"中国共产党的中心任务就是团结带领全国各族人民全面建成社会主义现代化强国、实现第二个百年奋斗目标，以中国式现代化全面推进中华民族伟大复兴"。为此，我们必须牢牢把握中国式现代化的历史、价值与依托，为中国共产党在新的"赶考"之路上取得新胜利架构起光明前景。

一、要明晰以中国式现代化履行中国共产党使命任务的历史依据

"全面建设社会主义现代化国家、全面推进中华民族伟大复兴，关键在党。"中国式现代化新道路的萌芽、形成与推进处于一个同社会发展变革相融合的总体历史进程当中，来源于对中国近代历史的整体性思考与系统性总结。

充分理解掌握中国共产党领导中国式现代化建设的探索与实践

中国现代化的初步探索受制于西方列强的殖民扩张与资本主义市场冲击，并在"双半社会""三座大山"产生的困窘处境中艰难前行。面对"国家蒙辱、人民蒙难、文明蒙尘"，中国共产党的建立成为我国现代化发展进程的关键转折点。以争得民族独立、实现国家富强为目标，党带领人民将"革命与现代性在马克思主义理论指导下实现了有机融合"。取得新民主主义革命的胜利，在实践中整体呈现由"传统"过渡为"现代"的转变路径，逐步形成超脱资本主义现代化逻辑框架的社会发展图式，推动我国社会面貌焕然一新，以此为中国式现代化的形成与确立奠定了物质基础、制度前提与政治保障。

新中国成立后，我国社会建设的时代重心从革命斗争转向推动现代化发展进程上来。社会主义制度是社会主义现代化产业形态的建立基础，中国共产党通过领导"三大改造"的完成，凝聚新中国内部力量，确立社会主义制度，开启了在相对落后贫穷的典型农业国快速实现工业化，构建完整、高效、全面工业体系的现代化探索之路。此后，毛泽东同志在研读《政治经济学教科书》时首次提出"四个现代化"，指明了新中国成立初期我国现代化建设的新目标、新航向，也为中国式现代化的形成奠定了底层逻辑与理论基础。在中国共产党的领导下，我国摆脱了积贫积弱的社会状况，建立起独立的、初具规模的工业体系与经济体系，开辟出独具中国特色的现代化建设格局，突显了中国式现代化的独特基因。

改革开放以来，中国特色社会主义理论体系的形成与拓展同回应随时代转变的现代化境况与诉求联系紧密，在坚持马列主义、毛泽东思想基础上，就中国式现代化所产生的根本性问题提出了一系列富有突破性、指导性、战略性意义的重要思想。邓小平同志在我国现代化事业面临严峻形势的关键时刻，带领党和人民对社会主义的本质与发展阶段进行了思索和再认识，消弭"非西即中""非资即社"的教条主义和阶级斗争思维，为我国社会主义现代化建设奠定特色基调、提供方向引领。世纪之交，江泽民同志详细分析我国现代化建设中体现战略性、根本性、全局性意义的关系与矛盾，阐释出"解放人"与"解放生产力"的现代化双重诉求，创造性地将"三步走"战略细化为"新三步走"战略部署，进一步明确了中国式现代化建设关键在党的领导、目标是保障广大人民群众的根本利益。与我国现代化建设持续推进相同步，胡锦涛同志基于经济高速发展的现实境况，充分总结改革开放以来的社会主义发展经验，将现代化目标与"四位一体"结合起来，超越了西方"以物为先"的社会建构取向，阐明了中国"以人为本"的价值归宿，对中国式现代化事业作出更为具体的规划。

进一步认识中国共产党领导中国式现代化建设的创新与突破

中国共产党带领人民以中国国情为考量，在追求中华民族伟大复兴的征途中构建中国式现代化新道路，已成为回应西方"现代性危机"、探索"人类文明向何处去"等世界性理论与实践课题的最新成果，在党的全面领导下，"科学社会主义在二十一世纪的中国焕发出新的蓬勃生机，中国式现代化为人类实现现代化提供了新的选择，中国共产党和中国人民为解决人类面临的共同问题提供更多更好的中国智慧、中国方案、中国力量，为人类和平与发展崇高事业作出新的更大的贡献"。

以中国特色社会主义进入新时代为标志，"改革开放和社会主义现代化建设深入推进，实现中华民族伟大复兴进入了不可逆转的历史进程"。以习近平同志为核心的党中央科学定位中国式现代化对实现"中国梦"的战略意义，科学把握"两个大局"，在实践中将中国特色社会主义现代化强国的发展蓝图置于"时代之变"与"民族之跃"相统一的全景布局中加以筹划，同时从实践层面分层次、分阶段、分重点地设计现代化建设目标，为中国式现代化构建奠定了坚实基础。在习近平新时代中国特色社会主义思想指引下，中国共产党带领人民踔厉奋发、砥砺前行，胜利实现全面建成小康社会的奋斗目标，党和国家现代化事业取得历史性成就，彰显了中国特色社会主义旺盛的生机与活力，为中华民族伟大复兴提供了物质资源、精神力量与制度保障。基于此，党中央结合新时代新征程的社会现实，充分发扬历史主动精神，提出"新两步走"战略，将党的伟大事业在承前启后中推进、在接续奋斗中开展，保证了全面建成社会主义现代化强国的路线不偏移、目标不动摇；提出"四个全面"战略布局，将其作为治国理政新方略，闪耀着辩证唯物主义与历史唯物主义的理论光辉，拓展了中国式现代化建设的深度与广度，为我国在新时代迈上新台阶提供关键保障；提出"五个文明"协调发展，实现将以高质量为主题的发展模式贯彻到中国式现代化建设全过程，推进社会有机体整体优化并不断向前发展，生动阐释出中国特色社会主义的本质与意涵，为着手建构现代化国家提供具有创新意义的文明方案。

二、要把握以中国式现代化履行中国共产党使命任务的价值特色

党的二十大报告指出，"中国式现代化，是中国共产党领导的社会主义现代化，既有各国现代化的共同特征，更有基于自己国情的中

国特色"。这条道路是"适应中国和时代发展进步要求的科学社会主义道路",不断在履行使命任务中呈现出人民性、协调性与先进性、包容性互为表里、相得益彰的独特优势。

一是着力在解决"社会主要矛盾"中推进"人口规模巨大"的现代化

"人口规模巨大"的现代化是对"保证社会劳动生产力高度发展的同时又保证每个生产者个人最全面的发展"的创新阐释,是对回归于"人"的中国式现代化价值旨归的高度凝练,在这一进程中,全体人民、各个民族共同参与、共同分享社会发展成果体现出来的社会主义制度在现代化构建上的优越性。新时代,党和政府超越了资本主义现代化无视"人"的异态表现,充分关注我国社会主要矛盾变化下的社会现状,对中国特色社会主义现代化事业提出适应时代特点的新的要求,不断将人民美好生活"需要"的内涵与外延扩展到物质、文化、社会、生态等立体领域,并从实处着手,依据客观条件动态调整社会建设规划与方案,着力将社会主义逻辑与现代化逻辑统一于人的自由全面发展,作用于社会建设的整体进步当中,使人民免受资本主义现代化模式的异化与摧残。经历了从"生存""生活"到"美好生活"的阶梯递进,党带领人民在持续推进"人口规模巨大"的现代化建设中不断从胜利走向新胜利。

二是着力在坚持"高质量发展"中推进"全体人民共同富裕"的现代化

中国式现代化构建"发展型共同富裕",体现为在高质量发展中推进共同富裕的过程与行为、状态与结果,预示着社会所有成员都享有勤劳致富、向上攀升的机会和资源，都拥有追求幸福、逐梦理想的条件和自由。从内容层面看，中国式现代化既畅通发展渠道、创设发展机会，丰富人民物质财富，也为大众提供文化、生活等公共优质资源的共享化、一体化服务，力求丰富人民精神世界，通过"双重富裕"表达出"全体人民共同富裕"在内容上的核心意涵。从方式层面看，中国式现代化推进的共同富裕追求达到实质公平，通过发挥初次分配、再分配、三次分配作用，构建"橄榄型"分配格局，调节地域间、个体间收入与发展差距，推动经济平衡与民生稳定，为共同富裕营造公平有序的社会环境。从保障层面看，中国式现代化在坚持高质量发展中牢牢把握"两个毫不动摇"，在做大做优公有制经济、鼓励支持非公有制经济中培养充满活力的市场主体，加快经济结构调整和布局优化，引导资本健康有序发展，为实现全体人民共同富裕保驾护航。

三是着力在追求"高度的文明"中推进"物质文明和精神文明相协调"的现代化

中国式现代化道路着力在追求"高度的文明"中推进"物质文明和精神文明相协调"的现代化，生动体现出新现代性的总体原则。这种发展模式虽重视生产力与经济的进步，却不以积累物质财富为圭臬，而是将社会演进统摄于中华民族伟大复兴的目标之下。进而言之，中国式现代化一方面实现了以物质文明带动精神文明，即在中国共产党领导下，中国式现代化建设牢牢把握时代坐标，持续完善社会主义制度，充分发挥其集中力量办大事的独特优势，坚持以新发展理念指导实践工作，为精神文明快速发展奠定坚实基础；另一方面，实现了以精神文明助推物质文明，这一道路能够营造出全社会在精神追求上"理想远大"、在精神谱系上"生生不息"、在精神品质上"向上向善"的价值导向,充分鼓舞人民在社会实践中发挥精神动力,凝聚起中华民族阔步前行的精神力量,从而不断战胜现代化建设过程中的风险挑战,以高度的精神文明助推物质文明快速发展。

四是着力在落实"生命共同体"中推进"人与自然和谐共生"的现代化

人与自然产生的关系是人类社会最基本的关系,相对于人而言,"生命共同体"实现了在认识与利用自然的过程中发挥主观能动性,构建生产创造与自然开发之间的协调平衡,推进"人与自然和谐共生"。正如习近平总书记指出的,"人与自然是生命共同体。自然环境没有替代品,用之不觉,失之难存"。中国式现代化倡导科学认识自然、合理改造自然,在坚持遵循自然发展规律的基础上,通过构建以生态保护为核心的责任体系、制度体系、法律体系严格规范社会活动,不断创造出生态文明"红利",以此带领人民走出了"人类中心主义"误区,摆脱"唯生产力"思维束缚,将绿色生态价值观贯穿于生产力与生产关系辩证统一的良性互动中。党领导下的种种实践在落实"生命共同体"中推进"人与自然和谐共生"的现代化,科学回应全世界共同面临的生态课题,带领人民一同走上绿色、低碳、环保的中国特色新道路。

五是着力在构建"人类命运共同体"中推进"走和平发展道路"的现代化

中华民族是崇尚和平的民族,中国共产党是坚定站在历史正确、人类进步一边的政党,在长期对外交往过程中,党带领人民以中华文明为根基，秉持兼容并蓄、和而不同的外交理念，贯彻互联互通、互利共赢的开放战略，在构建"人类命运共同体"中推进"走和平发展道路"的现代化，不断为世界各国共同发展、人类文明持续繁荣作出更大贡献。具体而言，中国式现代化坚持国家平等，尊重各国社会制度与发展道路，推动国际关系民主化、合理化、法治化，积极扩大利益"交汇点"、打造全球"朋友圈"，更好体现各方关切和诉求，推动新型国际关系建设；坚持完善现有国际合作，围绕经贸、科技、能源、人文等领域，建立起跨环节、多主体、全方位合作机制，以国际合作平台的建立推动全球互补共进、协同发展。中国在党的领导下走和平发展的现代化道路，做到将本国利益与人类共同利益结合起来，创造出更多的合作增长点、共赢新亮点，使各国人民共同掌握世界发展命运成为可能。

三、要厘清以中国式现代化履行中国共产党使命任务的现实依托

锚定新时代新征程新的使命任务，中国式现代化在党的领导下以自身发展的确定性抵御外部环境的不确定性，既"操其要于上"，规划顶层设计与战略安排，也"分其详于下"，在社会主义具体实践中把握现代化建设着力点，以全面、系统、整体的建构逻辑设计社会建设框架，为实现中华民族伟大复兴提供牢固的现实依托。

一是完善同现代化相匹配的党的全面领导布局

"坚持和加强党的全面领导，关系党和国家前途命运，我们的全部事业都建立在这个基础之上，都根植于这个最本质特征和最大优势。"新时代新征程，为持续在中国式现代化建设中取得新进展、新

突破，必须围绕"为何建党，如何建党"，完善同现代化相匹配的党的全面领导布局。**要维护党中央集中统一领导**，着力构建党中央对重大工作的领导与重大决策的落实机制，将"两个维护"贯彻到中国特色社会主义现代化建设的全过程、各方面，做到全党上下在思想上"坚定不疑"、在实践上"坚定不移"，确保中国式现代化建设始终沿着科学、正确的方向前行；**要完善党的领导制度体系**，既着力融汇各方力量，战胜各种危险挑战，凝聚中国式现代化建设的广泛共识，也着手统揽各项工作，处理各种矛盾问题，整体推进社会主义现代化事业向前发展；**要深化全面从严治党**，做到在现代化工作实践中永葆斗争精神，持续开展反腐败斗争与党风廉政建设，勇于面对"四大考验""四大危险"，以自我革命引领社会革命，不断提升党的领导水平与执政能力，为中国特色社会主义现代化事业强化组织保障。

二是秉持同现代化相统一的人民至上理念

与西方"资本至上"的现代化相对比，中国式现代化道路彰显了"人民至上"的根本逻辑，紧紧围绕"以人民为中心"展开实践，不断发挥人的能动作用、尊重人的合法权利、满足人的正当需求，时刻保持现代化与人民根本利益的一致性。**要聚焦民生，满足人民需要，**"人民利益是我们党一切工作的出发点和落脚点"，必须将人民至上理念落到实处、细处，时刻关注民生领域的难点、热点、痛点，持续促进经济高质量发展与民生高水平保障的良性循环，建立起更公平、更健全、更持续的现代化民生支持体系；**要集中民智，走好群众路线，**新时代用"心"践行群众路线，要切实激发人民群众的历史主体性，坚持在现代化建设中拜人民为师，向人民学习，真正以倾听民意赢得民心，以此构筑中国式现代化的价值之美与创造之实；**要汇聚民力，发挥人民能量**，中华民族伟大复兴的实现离不开每个中国人的努力，必须凝聚起人民共同奋斗的强大力量，以社会主义核心价值观为指引，以中华优秀传统文化筑牢共同体意识，持续将党的正确主张转变为广大人民群众的自觉行动，发挥出人民大团结在现代化建设上的磅礴伟力。

三是推进同现代化相适应的改革开放进程

立于新的历史方位，全面建设社会主义现代化国家走上新征程，要继续拓展改革开放的深度与广度，依据发展理念、环境、任务等新的变化，构建新发展格局，持续推进同现代化相适应的改革开放进程。**要畅通国内大循环**，为形成具有竞争力的中国特色现代化产业，需要在提升供给效能与深挖内需潜力上实现自我突破和强化，打通生产、分配、流通与消费各环节"堵点"，为破除阻碍市场运行机制的桎梏与藩篱，构建全国统一大市场格局提供基础支撑；**要促进国内国际双循环**，立足高水平开放、高质量发展总体目标，中国式现代化事业要进一步融入全球产业链，利用国内市场优势增强对外竞争能力，同时也要引进多层次、多样化要素与产品，满足国内生产生活所需，推动"内需"与"外需"之间从以往的替代关系走向互补关系，有效推动改革开放水平向着更高层次提升，促使我国现代化建设迈入新的阶段。

四是构筑同现代化相协调的科学技术支撑

科技自立自强是国家自信自主的战略支撑，也是中国式现代化的内涵表达，新时代加快科学技术现代化进程已成为我国赢得发展主动、建设社会主义现代化强国的应有之义。**要打好核心技术攻坚战**，发挥社会主义新型举国体制优势，主动构建适合产业发展与未来科技的制度体系，调动一切资源对"卡脖子"关键核心技术展开研究与攻关；**要打造技术创新与应用体系，**深化政府与社会资本、企业资本合作，建立产学融合、产教融合、科教融合的体制机制，形成创新联合体，逐步强化科技成果产出、转化与应用的有效衔接，实现以综合施策推进科技领域"专精特新"；**要激发人才创新活力，**着力完善人才使用机制，统筹各类人才计划的支持与定位渠道，形成相对稳定的布局和调节体系，使人才的引进适应国际化形势与本土化需要，同时，要加大青年人才的培育和储备力度，探索建立符合"大科学时代"的人才组织模式，自主培养高水平创新人才，从而以聚天下英才而用之的眼界与魄力，打通人才强、科技强到国家强的现代化发展通道。

第一章

中国式现代化的历史逻辑与实践演进

第一讲

中国共产党百年奋斗与中国式现代化战略选择

张占斌

在百年的不断探索发展中，虽艰苦备尝但最终走出了一条中国式现代化道路，创造了中华民族从站起来、富起来到强起来的伟大飞跃，这是人类历史上前所未有的大变革，中国共产党带领人民开创了人类历史上最有深远影响意义的现代化发展之路。

自人类社会第一次工业革命以来，以工业化推动为主要内容的现代化作为一种国际潮流，逐渐成为各国发展不懈的追求和选择。与西方国家相比，中国对现代化的探求起步较晚、历尽曲折。但中华民族奋起直追、坚韧不移，特别是自中国共产党成立之日起，就将现代化作为孜孜不倦的奋斗方向。经过百年不断探索发展，最终走出了一条符合中国国情、具有中国特色的现代化道路，进一步推进了中华民族伟大复兴的历史进程。

一、全面把握中国式现代化的深刻内涵

现代化是一个世界性的历史过程，实现现代化是近代以来各国不懈追求的目标。现代化包括广义现代化与狭义现代化。广义现代化通常是指自 18 世纪工业革命以来，通过现代工业、科技革命实现生产方式大变革、社会整体转型变迁与文明发展进步的过程。狭义现代化通常是指二战以后，欠发达或不发达国家为了缩小与发达国家之间的差距而采取措施加速发展的过程。中国式现代化，既包含现代化的一般内涵，又符合世界各国现代化的共性规律，也就是具有一般性、普遍性的内容，同时又包含中国自身的特点，融入我国的历史文化、发展阶段和价值追求等因素，是一种更加全面而独特的现代化。

从现代化的一般内涵看，中国式现代化具有现代化的基本含义。经济学、政治学、社会学等不同学科对现代化的理解各有侧重，但现代化是相较于过去、传统的一个概念，需要从社会转型的视角来理解。就目前而言，现代化指的是从农业社会转型为工业社会和信息社会，未来还可能转型为某种更为先进的社会形态。现代化有一般性的、普遍性的发展规律，比如说经济要不断发展，要达到一定标准和水平，才能称得上现代化，因此有较为详细的衡量指标。20 世纪 70 年代，美国社会学家英格尔斯提出社会现代化和人的现代化相关理论，以此为基础，学术界列举了人均 GDP、农业产值占比、非农就业占比、服务业占比、城镇化率、大学普及率、平均寿命、成人识字率、医生情况和人口自然增长率等指标体系，如果一个国家大多数现代化指标都能达到发达水平，基本可以认为这个国家是现代化国家。根据中国科学院现代化研究中心发布的《中国现代化报告 2020》，2017 年全世

界只有 20 个现代化国家，数量较少且占比稳定，中国在世界现代化综合指数排名第 64 位，同时呈"东部高、中西部低"的区域差异，还有较大提升空间。现代化是全面综合的现代化，既包括生产力要先进，又包括社会要公平进步，还包括人要全面自由发展，是经济、政治、文化、社会、生态、人等各个方面的全面综合现代化。从这个角度考虑，在当今世界，少数创新型、知识型的发达国家，可以说进行了一定程度的探索，也取得了一定成果。但应当看到，问题仍然不少。

从中国特色社会主义看，中国式现代化是社会主义现代化。由于各个国家的现代化历史起点不同、发展阶段不同、文化传承不同以及价值导向不同等，各国现代化呈现出各自的特点，也有其特殊的一面。中国是社会主义国家，现代化除了要符合现代化的一般内涵，还要顺应社会主义的本质。有几个重点内容需要明确：第一，谁领导现代化？中国共产党的领导是中国特色社会主义的本质特征和中国特色社会主义制度的最大优势。中国共产党剖析现代化发展的基础，研判现代化发展的外部环境，明确现代化的具体目标，提出现代化发展的理念，寻求现代化发展的路径，制定现代化发展的步骤，为现代化绘制宏伟蓝图，是中国式现代化的领导者、开拓者、实践者，需要在中国共产党的领导下不断推进现代化。第二，现代化靠什么推进？现代化是社会转型的过程，生产力是社会制度变迁和人类社会发展的决定性力量，因此，推进现代化必须"解放生产力，发展生产力"。在推进现代化过程中，西方往往倾向于优先设定某种生产关系，再发展生产力，中国与之不同，将辩证唯物主义与历史唯物主义确立为原则，坚持"以经济建设为中心"，先从解放生产力和发展生产力着手，寻找一种适应生产力发展的生产关系。通过不断"解放生产力，发展生产力"，最终逐步达到现代化的定量指标、实现全面综合的现代化。第三，现代化为了谁？推进现代化需要体现以人民为中心的发展思想，要实现全体人民共同富裕的现代化。人是现代化的实践主体、强大动力，同时也是现代化的价值主体、终极目的。从某种程度上说，现代化的本质就是人的现代化。

由此可以总结出中国特色社会主义现代化的特点：一是中国共产党领导、人民当家作主和依法治国相结合的现代化；二是人口规模和经济规模巨大并居世界前列的现代化；三是以人民为中心的现代化，是扎实推动并逐步实现全体人民共同富裕的现代化；四是物质文明和精神文明相协调的现代化，是既满足人民群众物质文化需求也增强人民精神力量的现代化；五是传承中华文化的现代化，是弘扬中华文明的现代化；六是人与自然和谐共生的现代化，是绿水青山和金山银山相统一并超越传统资本主义工业文明的现代化；七是走和平发展道路的现代化，中国既是世界和平的建设者、全球经济发展的贡献者，更将是国际秩序的维护者；八是提升国家治理体系和治理能力水平的现代化，是用制度确保国家长治久安的现代化；九是人的全面发展的现代化。

二、深刻理解中国共产党追求中国式现代化的演化进程

中国共产党百年奋斗的光辉历程，也是中国共产党领导人民探索中国式现代化的历史进程。纵览百年实践，中国式现代化的演变轨迹可大致分为四个阶段。

第一，为中国式现代化打开前进通道阶段（从中国共产党成立至新中国成立）。以毛泽东为代表的中国共产党人在创建中国共产党后，

也有对中国未来发展前景的畅想，也曾对现代化作过思考，有过一些重要论述，但是在现实面前，他们深刻地感受到，如果不推翻"三座大山"的压迫，不建立新中国，就无法打开中国式现代化的前进通道。新中国成立之前，中国共产党通过革命的手段，推翻了帝国主义、封建主义和官僚资本主义的统治，夺取了新民主主义革命的胜利，实现了民族独立和人民解放，为现代化建设打开了前进通道。

第二，为中国式现代化打下坚实基础阶段（从新中国成立至改革开放前）。新中国成立之后，中国共产党致力于把一个落后的农业国变成先进的工业国。在这个阶段的探索呈现几个特点：其一，现代化的基础薄弱。历经长时间的战争破坏，新中国成立之初的现代化基础可谓千疮百孔、一穷二白，国内物质基础、生产资料极为匮乏，国际上面临资本主义的经济封锁。即使在这样极为困难的情况下，中国共产党仍能艰苦奋斗，并通过改造的方法，实现了对农业、手工业和资本主义工商业的社会主义改造。从 1953 年，我国开始执行第一个发展国民经济的五年计划。"一五"时期为新中国工业化的起步奠定了基础，初步建立起比较完整的工业体系和国民经济体系。其二，强调有限的现代化目标。限于当时的历史条件，中国共产党确立有限目标，那就是注重实现"四个现代化"。1954 年 9 月，周恩来在政府工作报告中提出，要建设起强大的现代化工业、现代化农业、现代化的交通运输业和现代化的国防；1957 年毛泽东提出"将我国建设成为一个具有现代工业、现代农业和现代科学文化的社会主义国家"；1964 年周恩来正式提出"把我国建设成为一个具有现代农业、现代工业、现代国防和现代科学技术的社会主义强国"；1975 年 1 月，周恩来在四届全国人大一次会议上，重申四个现代化。其三，从集体视角看人的发展。在经济体制方面，选择了"计划经济体制"，强调集体性、整体性，强调"大我"和集体主义风尚，在当时发挥了一定的积极作用。但这种思路延伸至其他领域，将人的发展置于集体视角来看待，对个人"小我"的合理选择和偏好顾及不够。尽管这个阶段对现代化的探索经历过暂时的挫折与不顺，但也取得了诸多发展成果，为中国式现代化打下了坚实的基础。

第三，推动中国式现代化步入轨道阶段（改革开放至党的十八大）。党的十一届三中全会作出实行改革开放的重大决策，将经济建设作为中心，推动中国式现代化步入轨道。这个阶段探索现代化的特点包括：一是现代化的内外部环境得到改善。经过多年探索，我国已经积累了一定的物质基础，"和平"与"发展"成为两大时代主题，内外部环境得到了显著改善，为实行改革开放创造了良好的条件。二是更加全面认识现代化。邓小平指出"现代化建设的任务是多方面的，各个方面需要综合平衡，不能单打一"。这意味着中国共产党对中国式现代化的认识从经济层面演变为全方位发展，包括经济、政治、文化和人的方方面面。三是注重中国式的现代化。1979年12月6日，邓小平在会见日本首相大平正芳时强调："我们要实现的四个现代化，是中国式的现代化。我们的四个现代化的概念，不是像你们那样的现代化的概念，而是'小康之家'。"四是强调为了人的发展。改革开放后，党中央强调社会主要矛盾是人民日益增长的物质文化需要同落后的社会生产之间的矛盾，既强调生产力水平不够，更强调人民的需要，即生产力的发展是为了人的发展。

第四，引领中国式现代化迈向新征程阶段（党的十八大以来）。党的十八大之后，中国特色社会主义进入新时代，这是我国发展新的历史方位，中国共产党继续全面深化改革、坚定不移扩大开放，引领中国式现代化迈向全面建设社会主义现代化国家新征程。现在，我国发展已经进入新发展阶段，追求现代化的特点主要体现为：一是现代化的发展环境面临深刻复杂变化。当今世界正经历百年未有之大变局，国际层面的不稳定性不确定性因素明显增加，国际格局发生调整，经济全球化遭遇逆流；国内层面虽然积累了丰富且广阔的发展优势和条件，但发展不平衡不充分问题突出。二是进一步深化对现代化的认识。习近平提出国家治理体系和治理能力现代化。如果说工业、农业、国防和科学技术的"四个现代化"属于经济基础的现代化，那么国家治理体系和治理能力现代化则属于上层建筑的现代化，这被外界称为"第五个现代化"，并且"第五个现代化"是为了进一步解放思想、减少发展障碍，更好地推进"四个现代化"。三是强调为了一切人的全面发展。一方面，强调"全面发展"，既有学有所教、劳有所得、病有所医、老有所养、住有所居等物质文明的发展，更加注重扎实推动共同富裕，又有以爱国主义为核心的民族精神、以改革创新为核心的时代精神、不断坚定文化自信等精神文明的发展；另一方面，强调"一切人"，中国共产党谋求人的发展不限定于某一个人，而是人类整体的全面发展，习近平提出"构建人类命运共同体"，便是很好的例证。

三、开启全面建设社会主义现代化国家新征程

2023 年 2 月 7 日，习近平总书记在学习贯彻党的二十大精神研讨班开班式上发表重要讲话指出，党的领导直接关系中国式现代化的根本方向、前途命运、最终成败。党的领导决定中国式现代化的根本性质，只有毫不动摇坚持党的领导，中国式现代化才能前景光明、繁

荣兴盛；否则就会偏离航向、丧失灵魂，甚至犯颠覆性错误。站在新发展阶段的历史新起点，中国共产党不忘先辈追求现代化的初心，牢记中华民族伟大复兴的中国梦的使命，在开启全面建设社会主义现代化国家新征程上继续努力奋斗。

第一，坚持中国共产党对现代化建设的全面领导。中国共产党以国家现代化为不懈追求，自始至终都在践行着实现国家现代化的光荣使命。要加强党对社会主义现代化建设的全面领导，从历史中深刻体会追求现代化的重大意义和艰难不易。

第二，坚持推进高水平自立自强的中国式现代化。现代化是一个动态演变的概念，随着不同阶段、不同形势、不同环境的演变，中国式现代化的内涵和外延也会不断衍生出新的内容。全面建设社会主义现代化国家的进程分为 2020 年到 2035 年基本实现社会主义现代化、2035 年到 2050 年全面实现社会主义现代化两个阶段，要根据不同阶段的特点制定好每个阶段的发展规划和重点任务；每个阶段的发展任务要因地制宜、因时制宜、因势制宜，注重发挥比较优势的特色，要努力突出新发展阶段高水平自立自强的奋斗方向。特别是更加强化国家战略科技力量，在科技自立自强方面要有更大的突破，发挥社会主义能够集中力量办大事的、市场经济条件下的新型举国体制优势。

第三，坚持解放、发展和保护生产力。中国特色社会主义进入新时代，我国社会主要矛盾已经转化为人民日益增长的美好生活需要和不平衡不充分发展之间的矛盾。在这种背景下，解放、发展和保护生产力需要把握"三个新发展"，即：认识新发展阶段，基于历史趋势和现实背景而提出新发展阶段，是科学合理的研判；贯彻新发展理念，将创新、协调、绿色、开放、共享的新发展理念贯穿发展全过程和各领域，实现更高质量、更有效率、更加公平、更可持续、更为安全的发展；构建新发展格局，这是适应新发展阶段的主动选择，有助于应对错综复杂的国内国际环境，有助于发挥我国超大规模经济体的优势。需要把握"两个比较优势"，即：发挥市场在资源配置中的决定性作用，更好地发挥政府作用，形成有效市场和有为政府两个比较优势的组合。此外，还需要把握"两个毫不动摇"，即：必须毫不动摇巩固和发展公有制经济，毫不动摇鼓励、支持、引导非公有制经济发展。

第四，坚持"以人民为中心"。人的现代化是现代化进程的出发点和落脚点，只有实现了人的现代化，全面建设社会主义现代化国家的目标方可实现。要始终坚持"以人民为中心"的发展思想，坚持人民主体地位，以实现人民对美好生活的向往为目标，做到发展为了人民、发展依靠人民、发展成果由人民共享。因此，我国的现代化要注重推动高质量发展和高品质生活，注意物质文明和精神文明的相互协调，弘扬传承中华文化和中华文明，调节收入分配格局，扎实推动共同富裕，推动城乡居民收入普遍增长。

第二讲

中国共产党与中国式现代化新道路

沈传亮

党的二十大报告提出，从现在起，中国共产党的中心任务就是团结带领全国各族人民全面建成社会主义现代化强国、实现第二个百年奋斗目标，以中国式现代化全面推进中华民族伟大复兴。

习近平总书记在新进中央委员会的委员、候补委员和省部级主要领导干部学习贯彻习近平新时代中国特色社会主义思想和党的二十大精神研讨班上发表重要讲话指出："实现中华民族伟大复兴是近代以来中国人民的共同梦想，无数仁人志士为此苦苦求索、进行各种尝试，但都以失败告终。探索中国现代化道路的重任，历史地落在了中国共产党身上。"

此前，2021 年 7 月，在庆祝中国共产党成立 100 周年大会上，习近平总书记鉴往知来，深刻总结中国特色社会主义的伟大成就和世界意义，强调指出："我们坚持和发展中国特色社会主义，推动物质文明、政治文明、精神文明、社会文明、生态文明协调发展，创造了中国式现代化新道路，创造了人类文明新形态。"

一百多年来，中国共产党团结带领全国各族人民所进行的一切奋斗，就是为了把我国建设成为现代化强国，实现中华民族伟大复兴。一百多年来，党团结带领人民历经艰辛坎坷，终于走出了一条中国式现代化新道路，现代化建设取得举世瞩目的成就。

道路决定命运。中国式现代化新道路的创造，建立在中国共产党一百多年奋斗的基础之上，建立在一代又一代不懈探索的基础之上。

"没有一个独立、自由、民主和统一的中国，不可能发展工业"

鸦片战争之后，中国人民和无数仁人志士不屈不挠，苦苦寻求中国现代化之路。然而，事实充分说明，无论是晚清朝廷、北洋政府还是国民党政府，都不可能担负起实现现代化的重任。

在总结近代以来中国的历史后，毛泽东同志深刻指出，"没有一个独立、自由、民主、统一的中国，不可能发展工业"；"没有工业，便没有巩固的国防，便没有人民的福利，便没有国家的富强"。在新民主主义的政治条件获得之后，中国人民及其政府必须采取切实的步骤，在若干年内逐步地建立重工业和轻工业，使中国由农业国变为工业国。中国工人阶级的任务，不但是为着建立新民主主义的国家而斗争，而且是为着中国的工业化和农业现代化而斗争。毛泽东同志的上述主张，就是当时中国共产党人对中国要走的现代化道路的最新认识。

基于这样的认识，经过二十八年的浴血奋战和顽强奋斗，我们党带领人民夺取了新民主主义革命的胜利，彻底结束了旧中国半殖民地半封建社会的历史，彻底结束了旧中国一盘散沙的局面，彻底废除了外国列强强加给中国的不平等条约和帝国主义在中国的一切特权，为实现社会主义现代化、实现中华民族伟大复兴创造了根本社会条件。

"我国实现国家的社会主义工业化，正是依据苏联的经验从建立重工业开始"

新中国成立后，中国共产党带领人民，在迅速医治战争创伤、恢复国民经济的基础上，不失时机地提出了过渡时期总路线，创造性地完成了由新民主主义革命向社会主义革命的转变，使中国这个占世界人口四分之一的东方大国进入了社会主义社会，成功实现了中国历史上最深刻最伟大的社会变革。新民主主义革命的胜利，社会主义基本制度的确立，为实现社会主义现代化、实现中华民族伟大复兴奠定了根本政治前提和制度基础。

由此，我们党孜孜以求，带领人民对中国现代化建设进行了艰辛探索，开启了社会主义现代化建设的伟大进程。

新中国成立后，我们党的领导人准备按照中国实际探索现代化建设道路，提出处理好工业化和人民生活水平提高的关系，分步骤地推进农业、轻工业、重工业发展等。但是，朝鲜战争打断了这一探索。当时与我国大国地位不相称的落后经济状况、苏联的榜样和支持指导、复杂的国际环境等，决定我国选择了苏联式的工业化发展道路。"我国实现国家的社会主义工业化，正是依据苏联的经验从建立重工业开始。"

从"一五"计划开始，党选择苏联式工业化道路并相应进行社会主义改造，基本符合当时国内外形势发展的需要，实施的总体效果是好的。经济发展速度比较快，重要经济部门之间比例比较协调，市场繁荣，物价稳定，人民生活显著改善。

但是，照抄照搬苏联做法，并不都适合中国的情况。为此，毛泽东同志发表了《论十大关系》报告，强调用普遍联系的观点处理好经济社会发展的十大关系，其中主要的是处理好经济问题，对工业化道路进行探索。然而，当时受种种因素影响，没有能够找到一条完全符合中国实际的建设社会主义的道路。

"要适合中国情况，走出一条中国式现代化道路"

1978 年 12 月召开的党的十一届三中全会，开启了改革开放和社会主义现代化建设新时期，实现了新中国成立以来党的历史上具有深远意义的伟大转折。

党的十一届三中全会召开不久，1979 年 3 月 30 日，在党的理论工作务虚会上，邓小平同志正式提出"中国式现代化"命题，并强调："过去搞民主革命，要适合中国情况，走毛泽东同志开辟的农村包围城市的道路。现在搞建设，也要适合中国情况，走出一条中国式的现代化道路……中国式的现代化，必须从中国实际出发。"中国式现代化，必须从中国实际出发，必须把坚持四项基本原则作为根本前提，这就初步明确了现代化的立足点、出发点和根本前提。

1987 年召开的党的十三大提出社会主义初级阶段基本路线，制定了"三步走"发展战略。初级阶段基本路线深化了对基本国情的认识，"三步走"发展战略明确了实现现代化的时间表、路线图。

进入 21 世纪，党的十六大作出"集中力量、全面建设惠及十几亿人口的更高水平的小康社会，使经济更加发展、民主更加健全、科教更加进步、文化更加繁荣、社会更加和谐、人民生活更加殷实"的战略决策，再次拓展了现代化的内涵。2007 年党的十七大提出"把我国建设成为富强民主文明和谐的社会主义现代化国家"，将现代化发展的奋斗目标由富强民主文明"三位一体"扩展为富强民主文明和谐"四位一体"。

根据上述部署，党中央立足社会主义初级阶段基本国情和新的阶段性特征，科学分析国际国内形势的新变化，深刻把握我国发展面临的新课题新矛盾，在全面建设小康社会的进程中更加坚定地推动经济社会走上科学发展的道路。

"以中国式现代化全面推进中华民族伟大复兴"

2012 年，党的十八大提出"两个一百年"奋斗目标：在中国共产党成立一百年时全面建成小康社会，在新中国成立一百年时建成富强民主文明和谐的社会主义现代化国家。2017 年党的十九大，综合分析国际国内形势和我国发展条件，将实现第二个百年奋斗目标分为两个阶段安排。第一个阶段，从 2020 年到 2035 年，基本实现社会主义现代化；第二个阶段，从 2035 年至 21 世纪中叶，把我国建设成为富强民主文明和谐美丽的社会主义现代化强国。

富强民主文明和谐美丽的社会主义现代化强国，极大地丰富了现代化的内涵，体现了中国特色社会主义现代化的特点。

党的十八大以来，在以习近平同志为核心的党中央坚强领导下，紧扣我国社会主要矛盾变化，统筹推进经济建设、政治建设、文化建设、社会建设、生态文明建设，坚定实施科教兴国战略、人才强国战略、创新驱动发展战略、乡村振兴战略、区域协调发展战略、可持续发展战略、军民融合发展战略，突出抓重点、补短板、强弱项，坚决打赢防范化解重大风险、精准脱贫、污染防治攻坚战，全面建成小康社会取得伟大历史性成就。

党的十八大以来在理论和实践上的创新突破，有力推进了社会主义现代化建设，成功推进和拓展了中国式现代化。

到 2021 年，经过全党全国各族人民持续奋斗，我们实现了第一个百年奋斗目标，在中华大地上全面建成了小康社会，开始向着全面建成社会主义现代化强国的第二个百年奋斗目标迈进。

党领导人民经过不懈奋斗、不断进取，仅用几十年时间就走完发达国家几百年走过的工业化历程，创造了经济快速发展和社会长期稳定两大奇迹。现在，中国的天更蓝、山更绿、水更清、环境更优美，人民幸福生活在幼有所育、学有所教、劳有所得、病有所医、老有所养、住有所居、弱有所扶的社会环境中，向世界展现出一派欣欣向荣的气象。

2020 年 10 月，在党的十九届五中全会上，习近平总书记概括了中国式现代化的特点，即：中国的现代化是人口规模巨大的现代化、全体人民共同富裕的现代化、物质文明和精神文明相协调的现代化、人与自然和谐共生的现代化、走和平发展道路的现代化。2021 年 7 月，在庆祝中国共产党成立 100 周年大会上，习近平总书记强调，我们"创造了中国式现代化新道路，创造了人类文明新形态"。

党的二十大，是在全党全国各族人民迈上全面建设社会主义现代化国家新征程、向第二个百年奋斗目标进军的关键时刻召开的一次十分重要的大会，对全面建成社会主义现代化强国两步走战略安排进行宏观展望，科学谋划未来 5 年乃至更长时期党和国家事业发展的目标任务和大政方针。会议明确提出，中国式现代化的本质要求是：坚持中国共产党的领导，坚持中国特色社会主义，实现高质量发展，发展全过程人民民主，丰富人民精神世界，实现全体人民共同富裕，促进人与自然和谐共生，推动构建人类命运共同体，创造人类文明新形态。这进一步明确了中国式现代化的领导力量、根本前提和前进方向。中国式现代化切合中国实际，体现了社会主义建设规律，也体现了人类社会发展规律。

党团结带领人民用伟大奋斗创造了百年伟业，也一定能够用新的伟大奋斗创造新的伟业。我们坚信，只要全党全国各族人民更加紧密地团结在以习近平同志为核心的党中央周围，牢记空谈误国、实干兴邦，坚定信心、同心同德，埋头苦干、奋勇前进，就一定能够战胜前进道路中的各种困难和险阻，到 21 世纪中叶如期实现全面建成社会主义现代化强国、实现中华民族伟大复兴的宏伟目标。

第三讲

中国式现代化是扎根中国大地、切合中国实际的现代化

董振华

党的二十大报告阐述了中国式现代化的中国特色和本质要求，科学回答了中国式现代化的领导力量问题、方向道路问题、价值立场问题、发展理念问题。习近平总书记在参加党的二十大广西代表团讨论时强调，中国式现代化扎根中国大地，切合中国实际。我们要始终把国家和民族发展放在自己力量的基点上、把中国发展进步的命运牢牢掌握在自己手中，坚定信心、守正创新，奋力谱写全面建设社会主义现代化国家新篇章。

进入新时代以来，党对建设社会主义现代化国家在认识上不断深入、战略上不断成熟、实践上不断丰富，成功推进和拓展了中国式现代化，生动有力地诠释了中国式现代化何以是扎根中国大地、切合中国实际的现代化。

明确目标，目的是形成攻坚克难、无往不胜的磅礴力量

党的二十大报告提出，从现在起，中国共产党的中心任务就是团结带领全国各族人民全面建成社会主义现代化强国、实现第二个百年奋斗目标，以中国式现代化全面推进中华民族伟大复兴。

明确这个中心任务，就从奋斗目标上为我们指明了方向，当前和今后一个时期，要将各项事业紧紧围绕这一奋斗目标谋划推进。坚持目标引领，是我们党成立一百多年来形成的科学工作方法。党的二十大系统回答了中国式现代化的相关问题，对中国式现代化作出了重大判断、重大部署、重大决策，阐述了中国式现代化的中国特色和本质要求，指明了建设中国式现代化的重大原则。

明确这个中心任务，就深刻说明了我国所处的历史阶段。经过长期努力，我们已经在建党百年之际胜利实现了全面建成小康社会的第一个百年奋斗目标。党的二十大报告明确指出了现在起党的中心任务，就深刻说明了我国已经处在全面建设社会主义现代化国家的历史阶段，处在实现第二个百年奋斗目标的历史阶段，处在以中国式现代化全面推进中华民族伟大复兴的历史阶段。必须发扬历史主动精神，深刻把握新阶段新特征新情况新问题，遵循历史规律，顺应历史大势，利用历史机遇，实现历史目标。

明确这个中心任务，有利于凝聚全党共识、形成强大合力。我们党是一个拥有9800多万党员的世界第一大政党，是在拥有14亿多人口的中国的马克思主义执政党。我们党一旦明确了目标、统一了思想、达成了共识，就能够形成攻坚克难、无往不胜的磅礴力量。党的二十大报告明确党的中心任务，必将有利于凝聚全党共识，使全党上下将力量汇聚到社会主义现代化建设新征程上来，充分激发集体智慧，形

成巨大合力，创造更大辉煌。

明确这个中心任务，有利于鼓舞新征程上继续攻坚克难的昂扬斗志。党的二十大报告回答了"以什么样的精神状态"踔厉前行的问题，强调我们必须增强忧患意识，坚持底线思维，做到居安思危、未雨绸缪，准备经受风高浪急甚至惊涛骇浪的重大考验；强调做到"三个务必"：务必不忘初心、牢记使命，务必谦虚谨慎、艰苦奋斗，务必敢于斗争、善于斗争。要增强全党全国各族人民的志气、骨气、底气，不信邪、不怕鬼、不怕压，知难而进、迎难而上，统筹发展和安全，全力战胜前进道路上各种困难和挑战，依靠顽强斗争打开事业发展新天地。肩负全面建设社会主义现代化国家、全面推进中华民族伟大复兴的历史使命，我们必须时刻保持解决大党独有难题的清醒和坚定。全党必须牢记，全面从严治党永远在路上，党的自我革命永远在路上，决不能有松劲歇脚、疲劳厌战的情绪，必须持之以恒推进全面从严治党，深入推进新时代党的建设新的伟大工程，以党的自我革命引领社会革命。

我们的现代化既是最难的，也是最伟大的

现代化是 18 世纪以来的世界潮流，体现了社会发展和人类文明的深刻变化。中国的现代化实践证明，世界上既不存在定于一尊的现代化模式，也不存在放之四海而皆准的现代化标准。每个国家、每个民族由于历史文化传统不同，所处的历史发展阶段不同，面临的形势和问题不同，人民群众的需要和要求不同，他们实现现代化的具体道路当然可以不同，而且必须不同。

一个国家走向现代化，既要遵循现代化一般规律，更要符合本国实际，具有本国特色。中国式现代化既有各国现代化的共同特征，更

有基于自己国情的鲜明特色。党的二十大报告明确概括了中国式现代化5个方面的中国特色，深刻揭示了中国式现代化的科学内涵。

中国式现代化是人口规模巨大的现代化。习近平总书记在参加党的二十大广西代表团讨论时指出，中国式现代化是人口规模巨大的现代化，我们不同于几十万人、几百万人、几千万人的现代化，而是14亿多人口的现代化。我们党要建成的社会主义现代化、中国式现代化，是成果惠及全体人民的现代化，绝不是少数人的现代化。14亿多人口要整体迈入现代化社会，其规模超过现有发达国家的总和，要实现这样人口规模的现代化，靠走西方现代化发展模式是行不通的，这就要求我们党必须在实践中探索出一条新路。正因为如此，习近平总书记强调："我们的现代化既是最难的，也是最伟大的。"在全面建成小康社会的历史征程上，我们党实现了"一个不能掉队"的目标；在全面建设社会主义现代化国家的新征程上，我们党也不会让任何一个人掉队。这条中国式现代化道路，必将成为人类历史上一件有深远意义的大事，将彻底改写现代化的世界版图。

中国式现代化是全体人民共同富裕的现代化。共同富裕是社会主义的本质要求，是中国式现代化的重要特征。中国式现代化是社会主义的现代化，贫穷不是社会主义，贫富两极分化也不是社会主义。我们所要建成的中国式现代化，既不可能是少数人的富裕，也不可能是整齐划一的平均主义。马克思主义强调，"生产将以所有人的富裕为目的"，"所有人共同享受大家创造出来的福利"。我们要坚持人民至上的价值理念，创造一个全体人民共同富裕的现代化。这是我们党作为一个马克思主义政党同西方一切政党的本质不同，这将显著发挥我们党的历史进步性、先进性和崇高性，深刻体现我国社会主义制度的巨大优势。

中国式现代化是物质文明和精神文明相协调的现代化。物质文明与精神文明是相辅相成、辩证统一的一对关系。没有高度的物质文明就没有高度的精神文明，没有高度的精神文明物质文明就会陷入歧途。中国式现代化在追求高度物质文明发展的同时，还追求高度的精神文明发展。中国式现代化坚持人民至上，通过发展和培育精神文明，不断丰富人民精神文化生活，满足人民精神文化需求。

中国式现代化是人与自然和谐共生的现代化。生态环境保护与生产力发展不是冲突对抗的矛盾，人与自然的关系也不是冲突对抗的矛盾。中国式生态文明观强调人与自然的和谐，强调人与自然是生命共同体，人在保护自然的同时也享受着自然的馈赠，自然也因有人的保护而维持生机与活力。

中国式现代化是走和平发展道路的现代化。新中国成立后，我们始终不渝地走和平发展道路，恪守维护世界和平、促进共同发展的外交政策宗旨，坚持和平共处五项原则。中华民族始终遵循"和而不同"的文化理念，平等对待每一个民族，尊重每一个民族的文化，绝对不将自己的意愿强加于人，"国强必霸"的陈旧逻辑在中国这里是说不通的。正因如此，中国永远不会称霸，永远走和平发展的道路，并以最大诚意共享现代化发展的成果，推动人类社会共同进步。

中国式现代化扎根中国大地，切合中国实际。沿着中国特色社会主义道路一路前行的中国式现代化，注定是一场改变历史、创造未来的非凡历程。以历史的长时段看，中国的发展是一项属于全人类的进步事业，也终将为更多人所理解与支持。我们要坚定走自己的路的信心和决心，不断守正创新，既不走封闭僵化的老路，也不走改旗易帜的邪路，也以更积极主动的作为为解决人类面临的共同问题提供更多中国智慧和中国方案。中国式现代化为人类实现现代化提供了新的选择，中国共产党和中国人民为解决人类面临的共同问题提供更多更好的中国智慧、中国方案、中国力量，为人类和平与发展崇高事业作出新的更大贡献。

阐明本质要求，有利于更好把握中国式现代化的核心要义

习近平总书记在党的二十大报告中总结阐明了中国式现代化九个方面的本质要求。准确理解和把握这九个方面的本质要求，有利于我们更好把握中国式现代化的核心要义，从而更好指导我们在实践中全面建设社会主义现代化国家。

第一，科学回答了中国式现代化的领导力量问题。党的二十大报告指出："全面建设社会主义现代化国家、全面推进中华民族伟大复兴，关键在党。"中国共产党的领导是中国式现代化的根本政治保证。历史充分证明，没有中国共产党的领导，就没有中国式现代化的创立与发展。正是因为有了中国共产党的领导，我们才能确立科学性、战略性、可行性的现代化建设步骤安排，进而在接续奋斗中不断实现一个接一个的阶段性目标。正是因为有了中国共产党的领导，中国式现代化才有了领导核心与主心骨，使得现代化建设各项事业能够统筹兼顾与协调推进，不断取得全方位、宽领域、历史性的进步。正是因为有了中国共产党的领导，我们才能在现代化建设进程中不断迎难而上、攻坚克难，克服各种惊涛骇浪，防范化解重大风险挑战，始终保证现代化建设行稳致远。

第二，科学回答了中国式现代化的方向道路问题。中国共产党百

年来奋斗取得的成功历史经验使中国共产党人深知，只有坚持中国道路，牢牢立足中华民族的实际，才能取得事业的发展和进步。中国式现代化正是我们在社会主义现代化建设过程中坚持中国道路的生动体现，中国式现代化深刻回答了我们要建设什么样的社会主义现代化强国、怎样建设社会主义现代化强国的重大问题。坚持中国道路，中国式现代化就一定能够永葆正确前进方向，最终到达光明的彼岸。新征程上，我们推进和拓展中国式现代化，必须坚定不移坚持中国道路，坚定中国特色社会主义的道路自信、理论自信、制度自信、文化自信，坚持把国家和民族发展放在自己力量的基点上、把中国发展进步的命运牢牢掌握在自己手中。要坚持守正创新，牢牢守住科学社会主义原则不动摇，不断与时俱进、开拓创新，在创造和运用中国方案与中国智慧的中国实践中，取得中国式现代化建设的新辉煌。

第三，科学回答了中国式现代化的价值立场问题。坚持人民至上是中国式现代化的价值立场，是中国共产党作为马克思主义政党的鲜明政治底色。人民至上是中国式现代化的价值立场与价值遵循，也是中国式现代化的显著特征，坚持人民至上，决定了中国式现代化的价值属性。中国式现代化坚持以人民为中心的发展思想，真正实现好维护好发展好最广大人民群众的利益，扎实推进共同富裕，能够使全体人民共享社会发展成果，切实营造公平正义的社会环境，有效化解社会矛盾，消除贫富差距，不断推进人的全面发展，满足人的美好生活需要。

第四，科学回答了中国式现代化的发展理念问题。中国式现代化立足新发展阶段，完整、准确、全面贯彻新发展理念，构建新发展格局，坚持创新发展、协调发展、绿色发展、开放发展、共享发展，致力于实现高质量发展，发展全过程人民民主，丰富人民精神世界，实现全体人民共同富裕，促进人与自然和谐共生，推动构建人类命运共同体，创造人类文明新形态，是全面建成富强民主文明和谐美丽的社会主义现代化强国的现代化。

把准方向，为全面推进中华民族伟大复兴提供了行动遵循

实现中华民族伟大复兴是中华民族近代以来最为伟大的梦想，是亿万中华儿女的共同期盼。党的二十大报告从九个方面阐明中国式现代化的本质要求，为我们如何把握中华民族伟大复兴提供了行动遵循。

明确了全面推进中华民族伟大复兴的阶段目标要求。中华民族伟大复兴的伟大梦想不是一个空泛的目标，而是一个具体的目标，是一个综合性的目标。党的二十大报告提出的中国式现代化的本质要求，规定了中华民族伟大复兴的具体目标内容。我们要按照这九个方面的本质要求，把准全面建设社会主义现代化国家的方向，着力以中国式现代化全面推进中华民族伟大复兴。

明确了全面推进中华民族伟大复兴各个方面的任务。党的二十大报告从九个方面提出的中国式现代化的本质要求，从根本保证、路线方向、经济建设、政治建设、文化建设、社会建设、生态文明建设、外交等方面，明确了全面推进中华民族伟大复兴的领域。我们要着重从这九个领域发力，做好这九个领域的相关工作，统筹推进"五位一体"总体布局和协调推进"四个全面"战略布局，坚持系统观念，着力以中国式现代化全面推进中华民族伟大复兴。

明确了全面推进中华民族伟大复兴的方法和路径。中华民族伟大复兴是战略目标，实现战略目标需要一定的手段和方法。党的二十大

报告从九个方面提出了中国式现代化的本质要求，指明了全面推进中华民族伟大复兴的方法和路径。我们要提高科学思维能力，掌握科学思想方法和工作方法，把握好九个本质要求的方法论意义，联系实际创造性开展工作，着力以中国式现代化全面推进中华民族伟大复兴。

增强忧患意识，准备经受重大考验

党的二十大报告指出："全面建设社会主义现代化国家，是一项伟大而艰巨的事业，前途光明、任重道远。我们必须增强忧患意识，坚持底线思维，做到居安思危、未雨绸缪，准备经受风高浪急甚至惊涛骇浪的重大考验。"这一表述显示了我们党的深远考量。

从过往的实践历程看，全面建设社会主义现代化国家需要增强忧患意识，坚持底线思维，随时准备经受重大考验。党的十八大以来，我们经受住了来自政治、经济、意识形态、自然界等方面的风险挑战考验。正是因为以习近平同志为核心的党中央坚持底线思维，强化忧患意识，做到居安思危、未雨绸缪，才确保了党和国家各项事业能够稳中求进，确保我们经受住了重大风险考验。

从自身使命任务看，全面建设社会主义现代化国家需要增强忧患意识，坚持底线思维，随时准备经受重大考验。习近平总书记在学习贯彻党的二十大精神研讨班开班式上发表重要讲话指出："推进中国式现代化，是一项前无古人的开创性事业，必然会遇到各种可以预料和难以预料的风险挑战、艰难险阻甚至惊涛骇浪，必须增强忧患意识，坚持底线思维，居安思危、未雨绸缪，敢于斗争、善于斗争，通过顽强斗争打开事业发展新天地。"未来五年是全面建设社会主义现代化国家开局起步的关键时期，我国发展进入战略机遇和风险挑战并存、不确定难预料因素增多的时期，各种"黑天鹅""灰犀牛"事件随时可能发生。我们必须继续增强忧患意识，坚持底线思维，防范化解重大风险。在这个过程中，我们要保持战略清醒，对各种风险挑战做到胸中有数；保持战略自信，增强斗争的底气；保持战略主动，增强斗争本领。

从外部环境看，全面建设社会主义现代化国家需要增强忧患意识，坚持底线思维，随时准备经受重大考验。当今世界是全球化的世界，全面建设社会主义现代化国家，不仅对于我们自身具有重要的意义，对于世界的发展变化也将产生重要的影响。一方面，实现中华民族伟大复兴的中国梦只能依靠我们自己努力奋斗才能实现，要始终把国家和民族发展放在自己力量的基点上、把中国发展进步的命运牢牢掌握在自己手中。另一方面，面对复杂多变的国际安全和发展环境，各种可以预见和难以预见的风险因素明显增多，各方面风险可能不断积累甚至集中显露，我们必须对此有充分而又深刻的认识。

牢牢把握五个重大原则，才能走好新征程、开创新成就

在党的二十大报告中，习近平总书记特别强调了前进道路上必须牢牢把握的五个重大原则。牢牢把握这五个重大原则，才能走好新征程、开创新成就。

第一，强调坚持和加强党的全面领导，就是要明确走好新征程开创新成就的根本政治保障。党的领导是我们做好一切工作的根本保障，没有党的领导，就没有全面建成社会主义现代化强国的奋斗目标，就没有中华民族的伟大复兴。前进道路上，必须坚持和加强党的全面领导，落实新时代党的建设总要求，坚持和加强党中央集中统一领导，

坚持不懈用习近平新时代中国特色社会主义思想凝心铸魂，完善党的自我革命制度规范体系，建设堪当民族复兴重任的高素质干部队伍，增强党组织政治功能和组织功能，强化正风肃纪，坚决打赢反腐败斗争攻坚战持久战。

第二，强调坚持中国特色社会主义道路，就是要明确走好新征程开创新成就的基本道路。中国特色社会主义是人民的选择，是历史的选择。中华民族近代以来的历史进程充分说明，只有社会主义可以救中国，只有中国特色社会主义才能发展中国，只有坚持和发展新时代中国特色社会主义才能实现中华民族伟大复兴。前进道路上，我们必须牢牢坚持马克思主义的指导，不断推动马克思主义中国化时代化，树立共产主义远大理想和中国特色社会主义共同理想，坚定中国特色社会主义道路自信、理论自信、制度自信、文化自信。

第三，强调坚持以人民为中心的发展思想，就是要明确走好新征程开创新成就的价值立场。全面建设社会主义现代化国家，是亿万人民的共同期盼，必须充分发挥亿万人民的创造伟力。要坚持全心全意为人民服务的根本宗旨，树牢群众观念，贯彻群众路线，尊重人民首创精神，坚持一切为了人民、一切依靠人民，从群众中来、到群众中去，始终保持同人民群众的血肉联系，始终接受人民批评和监督，始终同人民同呼吸、共命运、心连心。

第四，强调坚持深化改革开放，就是要明确走好新征程开创新成就的根本动力。改革开放是决定当代中国命运的关键一招，深化改革开放是全面建设社会主义现代化国家的重要方法手段。社会主义靠改革实现自我完善和自我提高，新征程上，我们还会遇到许多体制机制障碍，还会出现许多不合时宜的思想观念，必须全面深化改革，勇于爬坡过坎和壮士断腕，不断将改革成果更多更公平惠及全体人民。社会主义靠开放保持生机活力，中国开放的大门不会关闭，我们在全面建设社会主义现代化国家新征程上，必将以更加开放的姿态，构建新的开放体系和开放格局，实现更高质量的开放发展。

第五，强调坚持发扬斗争精神，就是要明确走好新征程开创新成就的精神状态。全面建设社会主义现代化国家的历史进程不会是一帆风顺的，这是一项伟大而艰巨的事业，前途光明，任重道远，必须发扬斗争精神，增强斗争本领。实现社会主义现代化是人类历史上从未有过的壮举，没有任何经验和办法可以遵循，需要我们继续发扬摸石头过河的精神。因此，前进道路上的坎坷荆棘绝不会比过去少，很多都会是激流险滩；发展的不确定性也会增多，未知挑战有可能接踵而至。必须要有昂扬的斗争精神和斗争意志，以永不僵化、永不懈怠、永不止步的精神状态，同一切艰难险阻作斗争，同一切敌对势力作斗争，依靠顽强斗争打开事业发展新天地。

第四讲

怎样理解现代性文明的中国新形态

陈曙光

党的十九届六中全会通过的《中共中央关于党的百年奋斗重大成就和历史经验的决议》指出，党领导人民成功走出中国式现代化道路，创造了人类文明新形态。习近平总书记在学习贯彻党的二十大精神研讨班开班式上发表重要讲话强调，概括提出并深入阐述中国式现代化理论，是党的二十大的一个重大理论创新；中国式现代化代表人类文明进步的发展方向，展现了不同于西方现代化模式的新图景，是一种全新的人类文明形态。

这种全新的人类文明形态从何而来，何以成立，有何特点？

"现代化＝西方化"？

启蒙运动以来，特别是第一次工业革命以来，欧洲依靠资本逻辑的强大驱动力开创了现代化的西方道路，创造了现代性文明的西方形态，也铸就了现代性的西方传统，为世界的现代化事业奠定了基础，树立了样板。

从那个时候开始，"现代化＝西方化"仿佛已锁定了人类的认知。西方现代性文明以反叛前现代而出场，神性是前现代性的首要价值，现代性首先表现为对神性的反抗。启蒙运动高举理性主义的旗帜，完成了人在神圣形象中自我异化的批判。但是人类走出了神圣形象的异化后，又陷入到了非神圣形象的自我异化之中。西方的现代性文明高扬理性和自由的价值，以理性的法庭代替了宗教的法庭，确立了理性的权威。

西方现代性经历了几个阶段的演化，初始现代性、启蒙现代性、后现代性、反思现代性、第二次现代性等，至今仍然在途中。西方现代性虽经历次演化，今天依然是人类社会主导的现代性逻辑。

西方现代性文明的强大惯性主要源于资本逻辑的驱动。在西方社会，资本是真正的主人，表面是资本家、资产阶级在统治，实际上是资本在统治，它是主宰一切世俗关系的世俗之神。在资本逻辑的驱动下，一切民族都卷入到了西方主导的世界秩序之中来。但西方现代性在建构西方现代社会的过程中，带来了巨大进步的同时，也让西方社会付出了巨大代价。这些代价包括精神世界凋零的代价、主体异化的代价、自然异化的代价、理性膨胀的代价、技术僭越的代价，以及文明同质化的代价等。这些都证明西方现代性文明形态是一把"双刃剑"，既有历史的进步性，同时也带来了巨大的现代性之殇。

西方现代性具有如此强大的统治力，西方现代性文明有强大的历史惯性，资本逻辑的力量确实很难用其他的力量来消解。在西方现代性理论设想中，人类社会发展将朝向一个共同的方向，世界汇合成单一的文明，人类流向唯一的西方，世界剩下唯一的人类。然而，人类除了全面卷入到西方现代性之流的强大旋涡之中，是不是真的没有别的选择？真的无能为力、无所作为了？确实，当今世界，很多国家不得不转入到西方现代性逻辑的主导之下，拥抱西方的现代性，服从西方现代性逻辑的统治，承受着西方现代性所带来的正反两方面的效应。

现代性文明重任历史性地落在了中国共产党身上

中国必须走向现代化，成为现代性文明就是成为当今世界的一部分。区别仅仅在于我们中国能否开创一条"鱼和熊掌可以兼得"的现代化道路，既能充分享受西方现代性的成果，同时又可以绕开西方现代性的弊端。在西方现代性的强大惯性主导下，中国能否独立自主地开辟中国特色的现代性道路？这需要从中国独特的国情和实际出发，我们是世界上独一无二的伟大样本，有自己独特的国情、国运和文脉。从国情来说，我们是一个世所罕见的超大型国家；从文脉来说，我们是文源文脉赓续不断、流淌不息的文明型国家；从国运来说，我们是一个国运坎坷、跌宕起伏的古老国家；从社会性质来说，我们是一个独立自主的社会主义大国。这样一些特色，注定中国只能走具有本国特点的现代化道路，创造一种具有本国特点的现代性文明。

变异是存在的真理，过程是事物的真理。作为现代性的历史筹划，现代性没有终结，现代性是不断展开、不断变异、不断重构，同时又不断被改写的过程。如何创造具有中国特色的现代化道路，书写具有东方气质、大国气象、中国特点、人类情怀的现代性新文明，成为摆在我们面前的一个重大课题。

中国为什么没有卷入到西方现代性的强大旋涡之中？ 1840 年以

来，中国的实践探索说明，师夷长技、实业救国的现代化之路，中体西用的现代化之路，制度牵引、政体移植的现代化之路，文化改造、全盘西化的现代化之路都没有触及中国现代性文明的本质，都以失败而告终。所以中国早期的现代性，都游走在西方的现代性传统之中，是"没有中国"的现代性。这样一种现代性，不可避免最终以失败而告终。所以我们如何在扬弃西方现代性传统的同时，铸就中国的现代性传统，使中国现代性成为一个肯定的陈述，这其实是近代中国面临的一个挑战，也是中国共产党走上历史舞台所肩负的重大使命。现在，中国共产党历经百年奋斗，团结带领人民创造了世所罕见的经济快速发展和社会长期稳定两大奇迹，创造了中国式现代化新道路、创造了人类文明新形态，这说明我们实际上已经完成了近代以来各派政治势力未能完成的现代性使命，开创了一种更为健康、更为壮丽的现代性文明新形态。

中国式现代化展现了不同于西方现代化模式的新图景

中国开创的现代性文明新形态，何以超越西方的现代性文明？我们今天所说的人类文明新形态，在我看来就是现代性文明新形态，或者说就是现代性文明的中国形态。因为我们今天所说的人类文明都属于现代性文明。我们所说的人类文明新形态，其参照系只能是人类文明的当前形态，而当前形态就是西方主导建构的现代性文明形态，所以我们的人类文明新形态就是现代性文明的中国新形态。我们这种现代性文明的中国形态，它跟西方现代性文明形态相比有哪些超越性？西方现代性之殇，根本原因在于资本逻辑，马克思对西方现代性批判的矛头，主要对准了资本逻辑，把对现代性的批判变成了对资本逻辑的批判。

相对于现代性的西方话语来说，现代性的中国话语、中国表达，由于在资本逻辑这么一个关键点上，作出了具有原则高度的划界，因而我们的现代性文明本质上已经是新的现代性文明了。这种新的现代性文明主要表现在这几个方面：

第一，超越资本逻辑，确立了人民至上的现代性立场。我们超越资本不是否定资本，我们是将私有资本改造为公有资本，驯服导致一切深层危机的"怪兽"，确立起人民掌握资本、资本服务人民的历史逻辑。公有资本取代私有资本居于主体地位，这是中国现代性最基本的标识。

第二，超越片面进步的逻辑，确立兼顾进步和正义的现代价值。片面追求进步主要体现在三个方面："新之迷信"、经济增长强制和科技创新强制。法国一个学者描述的"新之迷信"，就是进步强制中的第一个表现，弃绝传统，新之迷信，对新的迷恋，认为传统的都是落后的，都是要淘汰的。追求科技创新没错，但是科技创新并不必然提升人的生活质量。若不解决科技伦理问题，不在价值理性的高度为创新科技确立边界和底线，设立红绿灯，而无限制地发展科技，无止境地追求创新，最终将会诞生人类无法驾驭的猛兽，反过来吞噬整个人类。

第三，超越西方中心主义，确立起世界主义的宏大格局。这一宏大格局在构建人类命运共同体的国际新秩序中表现得淋漓尽致。

第四，开创物质文明、精神文明相协调的现代性。西方现代性带来物质主义膨胀的严重后果，这是我们需要竭力避免的。

第五，超越依附发展悖论，开辟自主现代化之路。延续西方的现代性道路，要么就是通过依附实现发展，要么就是选择脱钩走向贫穷，这个悖论现在困扰着很多国家，但中国没有重蹈覆辙。

第六，超越人类中心主义，开辟人与自然和谐共生的现代化之路。

第七，超越殖民霸权的交往理性，以和平主义为国际交往原则。

最后一点，超越了历史终结的制度逻辑，开创了社会主义性质的人类文明新形态。

现代性文明中国形态的主要特点

中国式现代化，打破了"现代化＝西方化"的迷思，展现了现代化的另一幅图景，拓展了发展中国家走向现代化的路径选择，为人类对更好社会制度的探索提供了中国方案。

现代性文明的中国形态是人类发展史上的伟大创造，是现代性文明的崭新形态。概括来说，它有这样几个不同于西方的现代性文明的主要特点。

第一是辩证性。相对于西方现代性的片面性来说，我们没有在现代性价值之间做非此即彼的单向选择题。比如新与旧、情感与理性、科技与人文、人与自然等等。

第二是整合性。相对于资本逻辑在西方现代性中的绝对力量，我们实现了市场力量、社会力量、政府力量三重动力机制的有效整合。

第三是叠加性。我们的现代性不是线性的，而是前现代、现代、后现代叠加在一起。

第四是自反性。我们的现代性基于实践反思，不断匡正现代性的发展方向，而不坠入到现代性的危机之中。

　　最后一个特点是复杂性。我们的现代性价值规范很复杂，既主张集体主义，又承认个体价值；既推进依法治国，又主张以德治国；既高扬共产主义旗帜，又承诺宗教信仰自由；既彰显工具理性，又强调价值理性；既强调市场，又强调政府；既强调世界主义，又强调民族的利益；既强调以经济建设为中心，又强调生态正义；等等。

　　中国新现代性的出场，是人类文明发展史上又一轮壮丽的日出。中国式现代化蕴含的独特世界观、价值观、历史观、文明观、民主观、生态观等及其伟大实践，是对世界现代化理论和实践的重大创新。可以说，中国式现代化为广大发展中国家独立自主迈向现代化提供了全新选择。

第五讲

如何以中国式现代化推进中华民族伟大复兴

李君如

实现中华民族伟大复兴是近代以来中国人民的共同梦想，为实现中华民族伟大复兴，中国共产党进行了百年奋斗、百年探索，现在已经到了关键时期。怎么在 21 世纪中叶如期实现中华民族伟大复兴的中国梦？"坚持以中国式现代化推进中华民族伟大复兴"。这是习近平总书记给出的重要结论。

习近平总书记在新进中央委员会的委员、候补委员和省部级主要领导干部学习贯彻习近平新时代中国特色社会主义思想和党的二十大精神研讨班开班式上发表重要讲话强调，新中国成立特别是改革开放以来，我们用几十年时间走完西方发达国家几百年走过的工业化历程，创造了经济快速发展和社会长期稳定的奇迹，为中华民族伟大复兴开辟了广阔前景。实践证明，中国式现代化走得通、行得稳，是强国建设、民族复兴的唯一正确道路。

一、百年奋斗，历史结论：以中国式现代化推进中华民族伟大复兴

"实现社会主义现代化"和"实现中华民族伟大复兴"，在中国从来就是一体两面的事情。以中国式现代化推进中华民族伟大复兴，是中国共产党在百年奋斗中创造的成功经验。

一部中国近代史，以 1840 年鸦片战争为标志开启。清政府自 1842 年在鸦片战争战败后和英国签订《南京条约》开始，和西方列强签署了一个又一个丧权辱国、割地赔款的不平等条约。中华民族伟大复兴的历史任务，也由此摆到国人面前。但是，为什么曾经创造了"康乾盛世"历史辉煌的清政府会在那时一败再败，败在西方列强远征军的手里呢？穷根究底，耻辱发生在当年鸦片战争战败的道光皇帝统治时期，祸根早在"康乾盛世"时就已经种下。

从纵向看，"康乾盛世"这一历史时期可以说是中国几千年封建社会最辉煌的历史时期之一。从横向看，这一历史时期正是欧美国家从中世纪的封建社会向资本主义社会转变、从农耕文明向工业文明转变的历史大变动时期，而处于"盛世"的清政府却对此麻木不仁、不以为然，甚至夜郎自大、故步自封。但人类文明的历史潮流并没有因"天朝上国"的妄自尊大而止步不前。1640 年，英国发生资产阶级革命；1775 年，美国爆发独立战争；1789 年，法国大革命进一步震撼世界。与此同时，18 世纪 60 年代率先在英国开始的工业革命浪潮很快席卷欧美大国，推动社会生产力发生急剧的历史性变动。如同马克思、恩格斯在《共产党宣言》中所描绘的："资产阶级在它不到一百年的阶级统治中所创造的生产力，比过去一切世代创造的全部生产力还要多，

还要大。"[1] 就是在这样的历史性变动中，"天朝上国"因为错过工业革命和现代化的机会而落伍了。落后就要挨打。落伍的是康熙、雍正、乾隆皇帝，挨打的是道光皇帝。正如马克思当时就已经深刻指出的："一个人口几乎占人类三分之一的大帝国，不顾时势，安于现状，人为地隔绝于世并因此竭力以天朝尽善尽美的幻想自欺。这样一个帝国注定最后要在一场殊死的决斗中被打垮：在这场决斗中，陈腐世界的代表是激于道义，而最现代的社会的代表却是为了获得贱买贵卖的特权——这真是任何诗人想也不敢想的一种奇异的对联式悲歌。"[2] 由此可见，中华民族之所以在近代以来沦入任人宰割、饱受欺凌的半殖民地半封建国家的悲惨境地，既有外因，也有内因。外因是列强入侵、瓜分中国；内因是封建统治者腐败、夜郎自大，错过了工业化、现代化的机会。中华民族伟大复兴和中国现代化这两件事就这样紧密地联结在一起，实现现代化也由此成为实现中华民族伟大复兴的根本任务。许多人常问："什么是中华民族伟大复兴？民族复兴的标志是什么？"在我们看来，中华民族伟大复兴就是要把中国建设成为一个社会主义现代化强国，而不是要称霸世界。

"坚持以中国式现代化推进中华民族伟大复兴"是中国共产党百年奋斗创造的成功经验，也是中国共产党百年奋斗得出的历史结论。熟悉中国近现代历史的人都知道，在中国共产党之前，许多仁人志士为实现中华民族伟大复兴提出过许多现代化方案，进行过许多实验和探索，但都失败了。由于中国共产党探索中国现代化的背景是民族复兴，任务

---

1 《马克思恩格斯选集》第 1 卷，北京：人民出版社，2012 年，第 405 页。

2 同上，第 804 页。

也是民族复兴，因此中国共产党领导的新民主主义革命为实现中华民族伟大复兴创造根本社会条件后，又领导人民进行社会主义革命，推进社会主义建设，为实现中华民族伟大复兴奠定了根本政治前提和制度基础，与此同时，开始探索符合中国实际的现代化道路。改革开放以来，特别是中国特色社会主义进入新时代以来，中国共产党领导人民创造性地开辟了一条被称为"中国式现代化"的现代化新道路。正如习近平总书记指出的："在新中国成立特别是改革开放以来的长期探索和实践基础上，经过党的十八大以来在理论和实践上的创新突破，我们成功推进和拓展了中国式现代化。"在庆祝中国共产党成立100周年大会上，习近平总书记就已经豪迈地指出："我们坚持和发展中国特色社会主义，推动物质文明、政治文明、精神文明、社会文明、生态文明协调发展，创造了中国式现代化新道路，创造了人类文明新形态。"党的十九届六中全会通过的《中共中央关于党的百年奋斗重大成就和历史经验的决议》再次强调指出："党领导人民成功走出中国式现代化道路，创造了人类文明新形态，拓展了发展中国家走向现代化的途径，给世界上那些既希望加快发展又希望保持自身独立性的国家和民族提供了全新选择。"

总之，中华民族伟大复兴的希望和前途，就在于我们找到了中国式现代化新道路。中华民族伟大复兴取决于中国现代化的实现，实现中国式现代化才能实现中华民族伟大复兴，这是历史的结论。

二、百年求索，独辟蹊径：我们成功推进和拓展了中国式现代化

什么是中国式现代化新道路？习近平总书记对中国式现代化新道路的探索历程、文明形态、本质特征和科学内涵等方面，作出了全面

深刻的分析和论述。

中国式现代化新道路，是在学习借鉴世界各国现代化经验而又立足中国实际的历史探索中，依靠自己的艰辛奋斗开拓出来的现代化。 自从新中国成立之日起，中国共产党就领导中国人民为在中国实现工业化和现代化而奋斗。尽管现代化是伴随着发生在西方的工业革命而出现的人类文明成果，很容易被误解为甚至等同于西方化，但是世界各国现代化的实践证明，现代化与西方化之间不能简单地画等号。中国的现代化作为后发现代化，毫无疑问，要学习和借鉴世界各国包括苏联的和西方发达国家的现代化经验。我们从来没有否定过这一点。但是，学习和借鉴的目的不是要亦步亦趋，完全照搬别国的现代化，更不是要搞西方那样的资本主义，而是要为我之所用，建设中国特色社会主义，实现社会主义现代化。我们也从来没有隐瞒过这一点。也就是说，中国共产党在中国现代化进程中既借鉴了世界各国现代化的经验，又没有照抄照搬苏联的和西方的现代化模式。这是一条中国式的现代化新道路。习近平总书记在"7·26"重要讲话中深刻地指出："世界上既不存在定于一尊的现代化模式，也不存在放之四海而皆准的现代化标准。"这是我们在为实现现代化而经历的历史探索中获得的最重要的认识。

中国式现代化新道路，是在一个具有悠久文明传统的东方大国创造出来的人类文明新形态。中国式现代化是符合中国实际、具有中国历史文化特色的现代化。在世界各国现代化进程中虽然会形成许多具有共同点并相通的现代性的成果，如现代工业、现代科技、现代管理、现代法治等，但它们在各种不同社会不同历史文化背景下必定会呈现出不同的实现途径和表现形式。且不说世界上公认的东亚现代化与西方现代化不完全相同，就是在西方国家那里，"盎格鲁—撒克逊模式"和"莱茵模式""斯堪的纳维亚模式"也不完全一样，现代化模式并非那么简单和单一，文化包括宗教信仰和生活习俗在其中起了很大作用。中国不仅具有悠久且没有中断过的文化传统，而且和西方文明在价值观和行为方式等方面具有很大的差异。由此决定了中国的现代化，无论在实现途径上，还是在表现形式上，都会有许多不同于西方现代化的鲜明特色。也就是说，中国共产党走出一条不同于西方现代化的中国式现代化新道路，不是偶然的，是有深刻历史文化原因的。中国式现代化，打破了"现代化＝西方化"的迷思，展现了现代化的另一幅图景，拓展了发展中国家走向现代化的路径选择，为人类对更好社会制度的探索提供了中国方案。正是在这个意义上，习近平总书记从"文明形态"的角度来定义中国式现代化，强调"党领导人民成功走出中国式现代化道路，创造了人类文明新形态"[3]。

中国式现代化新道路，最本质的特征是中国共产党的领导。这是一条在中国共产党领导下实现中华民族伟大复兴的历史进程中走上成功坦途的现代化之路。正如习近平总书记在学习贯彻党的二十大精神研讨班上的重要讲话中明确指出的："党的领导决定中国式现代化的根本性质，只有毫不动摇坚持党的领导，中国式现代化才能前景光明、繁荣兴盛；否则就会偏离航向、丧失灵魂，甚至犯颠覆性错误。"没有中国共产党，就没有新中国，这是历史的结论；没有中国共产党，就没有中国式现代化，这也是历史的结论。新中国成立以来，特别是

---

3 《中共中央关于党的百年奋斗重大成就和历史经验的决议》，北京：人民出版社，2021 年，第 64 页。

改革开放以来中国发生的举世瞩目的变化，以雄辩的事实证明了这一历史结论。中国共产党领导的现代化尽管也出现过曲折，但这只是探索中付出的代价，获得的是更加成熟的现代化战略、更加辉煌的现代化成就。

需要指出的是，中国共产党不仅成功地领导中国人民创造了一个又一个现代化奇迹，而且给中国现代化打上了鲜明的中国烙印。人们都知道，实践是人有目的地改造世界的物质活动过程。实践的目的性，贯穿在实践活动的全过程。实践会检验并修正实践的目的性，但实践始终不是无目的性的活动。实践目的一旦在实践活动过程中转化为客观现实，那就证明其目的是正确的。于是，由这样的实践目的转化而来的现实，也就打上了其鲜明的目的性烙印。中国共产党领导的现代化，必定是体现中国共产党人的纲领、宗旨、指导思想和奋斗目标的现代化。这种目的，不是主观设定的，而是在系统总结历史经验、深入剖析现实情况、充分考虑各种条件的基础上形成的指导思想和战略目标，并且是伴随实践的发展不断调整和完善的。中国共产党领导全国各族人民实现现代化的历史征程，作为近现代以来中华民族伟大复兴进程中的伟大实践及其取得的伟大成就，不仅一而再再而三地证明了中国共产党领导的现代化目的及中国共产党领导的现代化指导思想和战略目标是正确的，而且开辟了一条具有中国共产党人鲜明目的性烙印的现代化新道路。

中国式现代化新道路，是具有自己独特科学内涵的现代化道路。"中国式现代化"这一概念，脱胎于毛泽东提出的"中国工业化道路"，其要义强调中国在实现工业化时要"学那些和我国情况相适应的东西"。[4] 作为"中国式的现代化"的提出者，邓小平在明确指出"中国式的现代化，必须从中国的特点出发"[5]的同时，认为中国式现代化"人均收入不可能很高"，"就是把标准放低一点"。[6] 习近平总书记在庆祝中国共产党成立 100 周年大会上提出的"中国式现代化新道路"，是"中国式现代化"这一概念的又一次转型，其核心思想和毛泽东的"中国工业化道路"、邓小平的"中国式的现代化"一脉相承，但和邓小平说的"把标准放低一点"的现代化不一样，是"人类文明新形态"。在党的十九届六中全会第二次全体会议上，习近平总书记深刻指出："我们党领导人民不仅创造了世所罕见的经济快速发展和社会长期稳定两大奇迹，而且成功走出了中国式现代化道路，创造了人类文明新形态。这些前无古人的创举，破解了人类社会发展的诸多难题，摒弃了西方以资本为中心的现代化、两极分化的现代化、物质主义膨胀的现代化、对外扩张掠夺的现代化老路。"党的二十大报告明确概括了中国式现代化是人口规模巨大的现代化、是全体人民共同富裕的现代化、是物质文明和精神文明相协调的现代化、是人与自然和谐共生的现代化、是走和平发展道路的现代化这 5 个方面的中国特色，深刻揭示了中国式现代化的科学内涵。这些精辟论述，深刻地揭示了中国式现代化新道路的科学内涵，即：中国式现代化不是以资本为中心而是以人民为中心的现代化，不是两极分化而是以全体中国人民共同富裕

---

4 《毛泽东文集》第 7 卷，北京：人民出版社，1999 年，第 242 页。

5 《邓小平文选》第 2 卷，北京：人民出版社，1994 年，第 164 页。

6 《邓小平年谱（1975—1997）》（上），北京：中央文献出版社，2004 年，第 496—497、563 页。

为最终目的的现代化，不是物质主义膨胀而是物质文明和精神文明相协调的现代化，不是竭泽而渔而是人与自然和谐共生的现代化，不是对外扩张掠夺而是走和平发展道路的现代化。这既是理论概括，也是实践要求，为全面建成社会主义现代化强国、实现中华民族伟大复兴指明了一条康庄大道。

百年求索，独辟蹊径。在中华民族伟大复兴的历史征程中，中国共产党领导人民成功推进和拓展的中国式现代化新道路，创造了值得我们每一个人为之自豪的人类文明新形态。

三、守正创新，勇毅前行：坚持不懈以中国式现代化推进中华民族伟大复兴

现在，中国人民已经在中国共产党领导下开启全面建设社会主义现代化国家新征程，我们离实现中华民族伟大复兴的目标越来越近了。此时此刻，习近平总书记提出"坚持以中国式现代化推进中华民族伟大复兴"，格外有意义。在我们看来，这一重要论断，重在"坚持"，贵在"坚持"。

坚持以中国式现代化推进中华民族伟大复兴，从根本原则上说，就是"既不走封闭僵化的老路，也不走改旗易帜的邪路，坚持把国家和民族发展放在自己力量的基点上、把中国发展进步的命运牢牢掌握在自己手中"。这是习近平总书记在"7·26"重要讲话中重申的中国共产党人的基本立场和根本原则。中国式现代化是从中国实际出发的现代化，更是由中国人自己决定自己命运而不是由别人来决定的现代化。在庆祝中国共产党成立100周年大会上，习近平总书记在宣布我们"创造了中国式现代化新道路"的同时，就已经义正词严地指出：

"我们积极学习借鉴人类文明的一切有益成果，欢迎一切有益的建议和善意的批评，但我们绝不接受'教师爷'般颐指气使的说教！中国共产党和中国人民将在自己选择的道路上昂首阔步走下去，把中国发展进步的命运牢牢掌握在自己手中！"

坚持以中国式现代化推进中华民族伟大复兴，从现实任务来说，就是要立足新发展阶段，贯彻新发展理念，构建新发展格局。党的十九大在中国现代化进程中一个重大贡献，就是规划了中国全面建成小康社会后，分两步走实现党的第二个百年奋斗目标的战略任务和宏伟蓝图。为实现党的第二个百年奋斗目标和中华民族伟大复兴，党的十九届五中全会在提出制定国民经济和社会发展第十四个五年规划和2035年远景目标的建议时，从我们今天面临的国内外形势出发，富有前瞻性地提出了一个大战略：以推动高质量发展为主题，立足新发展阶段，贯彻新发展理念，构建新发展格局。

党的二十大，是在进入全面建设社会主义现代化国家新征程的关键时刻召开的一次十分重要的大会，科学谋划未来5年和更长时期党和国家事业发展的目标任务和大政方针，事关党和国家事业继往开来，事关中国特色社会主义前途命运，事关中华民族伟大复兴。而概括提出并深入阐述中国式现代化理论，则是党的二十大的一个重大理论创新，是科学社会主义的最新重大成果。中国式现代化新道路，不是一个抽象的概念，也不仅仅是一个大方向大目标，它总是通过各个发展阶段的现代化任务来实现并展现出来的。今天，坚持以中国式现代化推进中华民族伟大复兴，就是要按照以习近平同志为核心的党中央的战略部署，在新发展理念引领下构建能够在复杂变动的国内外形势下实现社会主义现代化的新发展格局。正如习近平总书记在论述构建以国内大循环为主体、国内国际双循环相互促进的新发展格局时强调的："构建新发展格局，是与时俱进提升我国经济发展水平的战略抉择，也是塑造我国国际经济合作和竞争新优势的战略抉择。"[7]构建新发展格局，就是要把发展的立足点放在国内，更多依靠国内市场实现经济发展；与此同时，以宏大顺畅的国内经济循环更好地吸引全球资源要素，推动形成国内国际相互促进的双循环，形成中国参与国际经济合作和竞争新优势。只有这样，我们才能在世界百年未有之大变局下，更好地应对处于动荡变革期的国际环境，防范化解各类风险挑战，做好自己的事情，实现社会主义现代化和中华民族伟大复兴。

坚持以中国式现代化推进中华民族伟大复兴，还要增强我们的历史自觉和历史自信，以自信自强、守正创新和踔厉奋发、笃行不怠的精神状态续写更加恢宏的壮丽史诗，最终实现中华民族伟大复兴的中国梦。党的十九届六中全会通过的《中共中央关于党的百年奋斗重大成就和历史经验的决议》生动而又鲜明地告诉我们，新时代中国特色社会主义的伟大成就，是在"自信自强、守正创新"的精神状态下创造的。习近平总书记在2022年新年贺词中再次激励我们："唯有踔厉奋发、笃行不怠，方能不负历史、不负时代、不负人民。"要完成历史和时代赋予我们的现代化和民族复兴任务，唯有"踔厉奋发"，才能斗志昂扬、勇毅前行，开创新局面；面对我们可能遇到的各种挑战和风险，唯有"笃行不怠"，才能脚踏实地、持之以恒，创造新辉煌。也就是说，只要我们踔厉奋发、笃行不怠，就一定能够书写实现第二个百年奋斗目标的新篇章。

---

7 《习近平谈治国理政》第4卷，北京：外文出版社，2022年，第114页。

　　总之，我们将在自己选择的现代化道路上昂首阔步走下去，坚持不懈以中国式现代化推进中华民族伟大复兴，一步一个脚印地去实现党的第二个百年奋斗目标，走向光辉灿烂的社会主义现代化和中华民族伟大复兴的明天。

第二章

中国式现代化的丰富内涵及本质特征

第六讲

如何理解全面建设社会主义现代化国家关键在党

洪向华　于　欢

　　"全面建设社会主义现代化国家、全面推进中华民族伟大复兴，关键在党。"习近平总书记在学习贯彻党的二十大精神研讨班开班式上发表重要讲话指出，党的领导直接关系中国式现代化的根本方向、前途命运、最终成败。党的领导确保中国式现代化锚定奋斗目标行稳致远，党的领导激发建设中国式现代化的强劲动力，党的领导凝聚建设中国式现代化的磅礴力量。"办好中国的事情，关键在党"，"关键"二字重若千钧。展望中华民族伟大复兴新征程，牢牢把握党的领导这一"关键"，持续研究党独立自主建设社会主义现代化的逻辑、意义与路径，从历史演进中汲取养分，于中西比较中坚定信心，在路径探索中把握优势，为走好第二个百年奋斗目标新的"赶考"之路，推进新时代中国特色社会主义现代化强国建设夯实基础、凝聚力量。

一、"全面建设社会主义现代化国家关键在党"的逻辑分析

"晚发外源性"特质决定了构建中国式现代化道路不是一蹴而就的孤立历史事实，而是处在一个与社会变革相交融的总体历史演进当中，贯穿于百年党史。纵观中国共产党的发展历程，党始终将中心任务统一于国家现代化建设目标，在深入理解和实践现代化发展基础上，以伟大自我革命推动伟大社会革命，成为带领人民推动现代化建设的关键力量。党的二十大报告指出，"在新中国成立特别是改革开放以来长期探索和实践基础上，经过十八大以来在理论和实践上的创新突破，我们党成功推进和拓展了中国式现代化"。

（一）出场逻辑：党领导中国现代化建设的初步探索

中国现代化建设的初步探索关键在党。中国的现代化在帝国主义、封建主义、官僚资本主义"三座大山"的夹缝中艰难成长。面对"国家蒙辱、人民蒙难、文明蒙尘"，中国现代化创造性探索的关键逻辑基点肇始于中国共产党的建立。以民族独立、国家富强为目标，党带领人民将马克思主义与现代化理论相联系并运用于革命与建设，为中国式现代化新道路的形成奠定了根本政治前提、物质基础和制度保障。

新民主主义革命时期，以毛泽东为代表的中国共产党人，从中国客观实际问题着手，提出"马克思主义中国化"伟大命题，赋予中国现代化以崭新含义，领导中国革命在现代性语境下开展了以完成国家解放、民族独立为核心任务的社会主义现代化实践，奋力探索一条适合中国国情的社会发展道路。在毛泽东思想指导下，中国共产党在坚持"两个结合"的现代化发展历程中取得了新民主主义革命的伟大胜利，极大地扫清了社会主义国家建设障碍，为近代中国社会发展获取现代性身份提供了内在的理论支撑和动力源泉，为建设社会主义现代

化国家创设了基本合法性条件和政治统一前提,使中国社会开启了真正意义上的现代化构建。

新中国成立后经过社会主义改造,面对各项事业百废待兴、现代化结构体系极不平衡的大背景,毛泽东在研读《政治经济学教科书》时首次提出"四个现代化",即"建设社会主义,原来要求是工业现代化,农业现代化,科学文化现代化,现在要加上国防现代化",指明了新中国现代化发展的新航向、新目标,也为中国特色社会主义理论的形成与发展奠定思想和理论基础。这一时期,中国共产党带领人民自力更生、发奋图强,在社会主义制度框架内开启现代化国家建设实践新的伟大征途,推动中华民族完成了最为深刻而广泛的社会变革,"实现了一穷二白、人口众多的东方大国大步迈进社会主义社会的伟大飞跃"。质言之,以中国共产党为关键领导力量而开辟出的符合中国国情的现代化建设道路,具有鲜明的马克思主义立场、观点与方法特质,突显中国社会主义现代化建设的独特基因。

(二)在场逻辑:党领导中国现代化建设的时代发展

中国现代化建设的时代发展关键在党。中国共产党领导人民解放思想、实事求是、久久为功,在社会主义伟大实践中回答时代课题,以具有中国特色的理论体系框架搭建起社会主义现代化存在与发展模式的多元阐释范式,推动中国式现代化道路完善成型、深入发展,为实现"两个一百年"奋斗目标释放新活力、打开新格局。

中国特色社会主义理论体系回应随时代演变的现代化诉求。改革开放以来,中国特色社会主义道路、中国特色社会主义理论体系的拓展与丰富同我国现代化发展境况联系密切。在坚持马克思列宁主义、毛泽东思想基础上,中国共产党以经济体制改革为牵引展开全方位改革，并就推动中国现代化建设的根本性问题产生了一系列富有战略性、突破性、指导性意义的重要思想。

习近平新时代中国特色社会主义思想开创我国现代化新局面。党的十八大开启了中国特色社会主义新时代，我国现代化建设进入新的发展阶段，以习近平同志为核心的党中央统筹把握"两个大局"，以全面建成小康社会为基础，进一步擘画社会主义现代化强国蓝图，在把握"时与势"、统筹"破与立"、厚植"根与魂"的进程中将中国式现代化道路置于"民族之跃"与"时代之变"相统一的全局中加以谋划。习近平新时代中国特色社会主义思想科学表征时代、持续融入时代、切实引领时代，是在解决中国改革、发展、稳定等问题中形成的最新理论成果，已成为中国共产党人开展新时代中国式现代化建设的关键行动指南。其中，"四个全面"战略布局拓宽了中国式现代化的深度与广度；"坚持和发展中国特色社会主义，推动物质文明、政治文明、精神文明、社会文明、生态文明的协调发展"丰富了中国式现代化道路的基本内涵；总体国家安全观则更加强调底线思维、发扬历史主动精神，着力统筹新时代国家发展与安全，保证在面对各类风险挑战时，全面建成社会主义现代化强国的目标不动摇、路线不偏移。

（三）未来逻辑：党领导中国现代化建设的应用指向

中国现代化建设的实践应用关键在党。以中国国情为考量，中国共产党带领人民在不断推进社会协调发展中构建的中国式现代化新道路，已成为回应西方引发的现代性危机以及求索"人类文明向何处去"等重大理论与实践问题的突出成果。在坚持党的全面领导下，持续探索并发展中国式现代化道路终将担负起新的历史使命，实现中华民族伟大复兴的"中国梦"。

跨越西方现代化陷阱，在中国式现代化道路上行稳致远。西方将资本主义现代化标榜为人类文明的"最高形态"，但从社会发展的历史运动规律来看，"现代化"是人类实现自我解放与自我发展的过程，不是定于一尊的标准。在中国共产党的有力领导下，中国式现代化道路以宏大理论旨归为指引，颠覆西方固有现代性内涵，形塑社会主义现代化发展"中国模式"，跳出西方所宣扬的现代化陷阱。

其一，跨越"中等收入陷阱"。中国式现代化以马克思主义与现代化的内在关联为起始，坚持人民至上，以人的自由全面发展为目标，更加注重公平正义，不仅宣告"历史终结论"的破产，也为跨越"中等收入陷阱"提供了可靠策略，彰显社会主义制度的优越性。

其二，跨越"塔西佗陷阱"。"政之所兴，在顺民心"，中国共产党在坚持依法治国、全过程人民民主中增强公信力，为跨越"塔西佗陷阱"提供民主政治支持，助推国家凝聚力的跨越式提升。

其三，跨越"金德尔伯格陷阱"。中国顺应世界期待，展现大国担当，在推进全球治理体系变革中，秉承互鉴包容、和而不同的文明交流观，倡导"全人类共同价值"，着力在全球事务中发挥建设性作用，标志着我国对"金德尔伯格陷阱"的跨越。

其四，跨越"修昔底德陷阱"。在中国共产党的领导下，中国式现代化道路摒弃敌我思维、冷战思维，坚持走和平发展道路，积极开展大国外交，参与全球治理，"一带一路""人类命运共同体"等顶层设计打破了"国强必霸"的逻辑预设，建立起"休戚与共"的世界秩序，以实际行动明确我国跨越"修昔底德陷阱"的必然性，同时为全球各文明间和谐关系的打造提供重要借鉴。

全面推进现代化建设，展现中华民族伟大复兴光明前景。党领导构建中国式现代化"五位一体"总布局，有效解答现代文明前进中存在的客观难题，助推社会主义现代化建设各环节、各方面协调、均衡发展。

其一，推进经济现代化。"把握新发展阶段，贯彻新发展理念，构建新发展格局"核心是建设现代化经济体系。立足新时代新征程，中国共产党以经济高质量为主题，贯彻"五大发展理念"、深化供给侧结构性改革、实施创新驱动发展战略，推进"新四化"同步发展，进一步完善市场经济体制，打造经济现代化新格局。

其二，推进政治现代化。中国社会主义现代化建设具有中国共产党领导、走共同富裕道路、以无产阶级和人民大众为中心的政治特色。中国共产党不断完善党和国家法律法规、改革政治体制机制，推动制度现代化优势转化成政治现代化能力。

其三，推进文化现代化。中国共产党注重文化在国家整体发展中起到的驱动作用，着力以构建文化现代化为目标导向，弘扬并践行社会主义核心价值观，掌握意识形态工作领导权，强化对中华优秀传统文化的创新性转化和发展，从而以高度的文化自信和文化自觉涵养中国式现代化道路自信，发挥先进文化功能，助力建成社会主义文化强国。

其四，推进社会现代化。中国在党的领导下构建起共建、共享、共治的"多层联动"社会治理共同体格局，能够有效促进社会和谐稳定，使社会现代化建设向展现中国现代性精神特质上前进，向更加文明、进步、创新的方向转变。

其五，推进生态文明现代化。中国共产党将生态文明融入中国式现代化道路建设的全过程、各领域，破除经济发展与环境保护"非此即彼"的对立矛盾，构建人与自然生态的和谐关系，为我国迈上绿色发展之路、引导全人类逃离"生态陷阱"指明方向。

二、"全面建设社会主义现代化国家关键在党"的重大意义

"坚持党的领导"是中国共产党百年奋斗凝练出的首条历史经验。在治国理政中，中国共产党植根中国大地、反映人民意愿、彰显世界胸怀，以遵循现代化发展规律为前提，带领人民走向具有"原体规定性""过程规定性"和"空间规定性"[1]的中国式现代化新道路，这一道路充分展现"中国特色"与"社会主义"鲜明元素，是"适应中国和时代发展进步要求的科学社会主义"[2]道路，对中国乃至整个人类社会的发展都具有不可磨灭的重大意义。

（一）中国共产党贡献现代化理论的中国智慧

西方国家在现代化探索上具备时间优先性，但这种时间优先性并不等同代表现代化道路的唯一性。探索并建设现代化是世界各国的普遍价值追求。在人类社会发展逻辑中，现代化不是西方社会、资本主义的"专有名词"。

中国共产党带领人民在探索现代化进程中，摒弃了"现代化＝西方化""现代文明＝资本主义文明""现代化逻辑＝资本逻辑"的"西方中心论"发展观，重构了世界现代化理论谱系，指引我国走上一条中国特色的现代化发展道路。中国式现代化道路将"人的逻辑"置于现代化发展优先位置，通过强化对市场的驾驭和合理引导，保障物质财富的增长目的落脚到改善全体人民生活质量上来，以"两大奇迹"昭示西方现代化道路不是唯一的"普世之路"。中国式现代化道路创

1　韩庆祥：《深刻把握"中国式现代化新道路"丰富内涵》，《学习时报》2021 年 8 月 30 日。

2　《习近平谈治国理政》第 1 卷，北京：外文出版社，2018 年，第 21 页。

造了人类文明新形态、新范式，科学回答了社会主义国家怎样自主实现现代化的重大命题，并从事实上证明了人类"存在多种通往现代化的不同路线"[3]，是一条"惠己"与"达人"充分融合的道路，其示范性、引领性意义为"世界怎么了，我们怎么办"开出标本兼治的"中国药方"。要言之，"科学社会主义在 21 世纪的中国焕发出新的蓬勃生机，中国式现代化为人类实现现代化提供了新的选择，中国共产党和中国人民为解决人类面临的共同问题提供更多更好的中国智慧、中国方案、中国力量，为人类和平与发展崇高事业作出新的更大的贡献"。

（二）中国共产党推进现代化进程的中国实践

以马克思主义理论为指导，中国共产党坚持历史与现实、经验与方法、民族与世界的结合与统一，创造出中国式现代化道路，并将实践性作为其鲜明特征，充分激发出中国社会发展潜力，促使"人的现代化"和"物的现代化"辩证统一于中国现代化实践之中。

中国式现代化没有模板、也没有母版，更不是某些外来现代化建设体系的再版或翻版，而是党领导人民在回应历史课题、解答中国议题、破解全球难题中辛苦造就的原创道路。中国式现代化建设关键在党。"中国式现代化，是中国共产党领导的社会主义现代化，既有各国现代化的共同特征，更有基于自己国情的中国特色"，承担着实现中华民族伟大复兴和引领世界文明的历史任务。新时代新征程，中国共产党在实践中推进我国"人口规模巨大"的现代化、"全体人民共同富裕"的现代化、"物质文明与精神文明相协调"的现代化、"人与自然和谐共生"的现

3　［意］艾伯特·马蒂内利：《全球现代化：重思现代性事业》，李国武译，北京：商务印书馆，2010 年，第 122 页。

代化、"走和平发展道路"的现代化，不断提高社会发展的协调性、平衡性与包容性，极大地丰富了马克思主义世界历史理论，全面形塑出现代化建设新图景。实践证明，中国共产党带领人民形成的中国式现代化道路没有走以资本为中心，强调"零和博弈""丛林法则"的"歪路"，没有走机械教条、封闭僵化的"老路"，改旗易帜的"邪路"，更没有走以让渡自由独立换取现代化发展的"不归路"。中国式现代化道路坚定地立足于我国实际，秉承以人民为中心的发展思想，自主探索并推进现代化进程，不断创造属于中国现代化发展建设的"东方奇迹"，这一成功实践充分证明了社会主义更加符合人类价值追求与历史发展趋势。

（三）中国共产党塑造世界现代化的中国形态

文明象征着一个国家的进步发展程度，在社会演进过程中，不同时期、不同社会类型往往呈现出文明的不同形态、样式与发展水平，表征着风格各异的内在原则与价值导向。中国共产党领导的社会主义现代化建设以创新思路打破传统社会主义模式桎梏，塑造了中国式现代化文明新形态，为世界范围内全面推进现代化发展开辟了新道路。

中国共产党秉承的"向前看的现代化"，始终适应社会现实并创造"新的现实"[4]，表征着一个不停留在任何一种状态的、指向未来的连续开拓进取过程，这种世界现代化的中国形态可以看作是马克思构想"非资本主义现代化道路"的现实成功运用。由此展开，从纵向历史坐标看，中国式现代化新道路鼓励各类社会主体积极参与全球化进程，着力建设开放型经济结构，焕发出社会主义现代化国家建设的强

---

4 宋才发：《党引领中国全面建设社会主义现代化》，《党政研究》，2022年第1期，第31—41页。

大竞争优势，实现以历史"时空压缩"与"任务叠加"的开发方式在短期内追赶并超越西方现代化模式，推动"东升西降"的世界格局大变革；从横向对比坐标看，新时代全球化的文明价值正是中国式现代化道路内涵的世界表达[5]，同传统顺序化发展工业化、城镇化、农业现代化、信息化的"串联式"道路不同，中国共产党带领人民走上了"四化"同步推进的"并联式"复合型现代化过程，建构起以公共性为特性的社会关系网络，积极采取有力举措解决阶层固化趋势与贫富分化的代际转移问题，同时主动应对全球疫情防控、经济治理、碳达峰碳中和等世界性议题，从而在"中国之治"与"西方之乱"的鲜明对比中，体现出党的关键作用，不断推动我国社会主义现代化建设实现"弯道超车"，于"变局"中开创"新局"。

三、"全面建设社会主义现代化国家关键在党"的实践路径

"全面建设社会主义现代化国家，是一项伟大而艰巨的事业，前途光明，任重道远。"全面建设社会主义现代化国家关键在党，要坚定维护党的权威和集中统一领导，在贯彻民主集中制基础上，既坚持"操其要于上"，做好顶层设计与战略谋划，也注重"分其详于下"，在实践中把握社会主义现代化建设的着力点、处理好若干重要关系，在解决社会主要矛盾的进程中把握中国式现代化发展前景。

（一）完善同现代化相协调的党的全面领导布局

"坚持和加强党的全面领导，关系党和国家前途命运，我们的全

---

5 黄新华、黄英：《推进中国式现代化的规划治理：过程、特征与机理》，《厦门大学学报》（哲学社会科学版），2022 年第 5 期，第 30—43 页。

部事业都建立在这个基础之上，都根植于这个最本质特征和最大优势。"新时代，全面建设社会主义现代化国家是一项庞杂的社会系统工程，党的全面领导则是保证这一工程实施推进的关键。面对不断变化的国内外环境，中国共产党要完善同现代化相协调的党的全面领导布局。

其一，完善党的政治领导。政治领导关乎党的根本性建设，直接影响中国式现代化道路的成败。为此，应进一步突出政治领导的战略定位，始终坚定政治立场、彰显政治本色、净化政治生态，发挥好党"把方向、谋大局、定政策、促改革"作用，着力补齐现代化建设短板，保证各领域、各方面、各环节协同发展。

其二，完善党的组织领导。严密的组织体系是维护党的领导的力量保证，新时代中国式现代化建设，要在国家与社会层面上调动各级党组织的积极性，不断完善组织设置、严密组织责任、激发组织效能，提高党在领导现代化建设过程中的向心力、执行力、发展力。

其三，完善党的思想领导。中国共产党各项工作开展的基础和先导便是思想领导，为实现中国式现代化道路上的思想引领，拓展我国各项事业发展的进步空间，必然要增强党的思想理论科学性，着力抓好理论武装、思想宣传、舆论引导，紧紧掌握意识形态工作领导权、管理权、话语权，广泛凝聚社会思想共识，进而将其转化为社会主义现代化建设的强劲动力。

（二）发挥同现代化相匹配的党的组织体系作用

中国式现代化需要团结全党全国各族人民的力量共同奋斗才能实现，这一过程"除了组织，没有别的武器"。中国共产党历来重视组织建设，在探索中形成了"纵向到底，横向到边"自上而下的严密组织体系，并将其运用于社会主义现代化建设，即在社会工作开展中，将党的组织基础内置于各项具体事务的落实全程，以达到现代化事业推进的有序、高效。为进一步支撑中国式现代化道路的构建，中国共产党必须不断创新组织建设，发挥同现代化相匹配的党的组织体系作用。

其一，健全党的组织体系架构。要不断"健全维护党的集中统一的组织制度，形成党的中央组织、地方组织、基层组织上下贯通、执行有力的严密体系，实现党的组织和党的工作全覆盖"。从政治高度织密党的组织结构网络，才能为构建现代化发展的多元主体参与局面提供组织依托，为各区域、各领域协同推进现代化拓展运作空间。

其二，强化党组织的政治属性与功能。习近平总书记指出，"党的全面领导、党的全部工作要靠党的坚强组织体系去实现"。在中国式现代化道路上，要突出党组织的政治建设、强化党组织的政治引领，着力加强对农村、社区、企业事业单位的政治领导，做好同各类群团组织的政治动员与教育，充分发挥党组织联系群众的桥梁作用，不断提高党的思想引领力、群众组织力与社会号召力，以此确保党领导社会主义现代化建设取得实质性成果。

其三，提升党组织体系间的协同性与贯通性。面向新时代现代化建设进程，各级党组织应在实际工作的"运转链条"中既充当承接传递、依令行事的"环节"，也成为独立运作、功能完备的"单元"，使整体组织网络体系拥有纵向沟通、横向连接的众多立体"节点"，不断增强现代化推进工作中的执行力与能动性，集中力量在中国式现代化道路上办成事、办好事、办大事。

（三）加强同现代化相适应的党的治理能力建设

现代国家治理模式集多元化、整体化、信息化等诸多元素为一体，治理能力建设成为中国式现代化道路前行发展的题中之义。是否能取得预期治理成效，以治理效能带动现代化建设走深走实，关键在党。要将党的政治逻辑与现代化治理逻辑相耦合，以党建为引领，加强同现代化相适应的党的治理能力建设。

其一，提升党治国理政的制度化水平。中国共产党要在掌握时代特征与坚定发展导向的基础上，把握好"组织—结构—能力"建设框架，促进党的治理理论、实践与制度创新互相联动，并依托协商民主、统一战线、群众路线等机制，将党的建设优势延伸到制度治理优势，为我国现代化建设注入不竭动力。

其二，提升党治国理政的法治化水平。依法治国、依法执政与依法行政的同步推进是党治理能力建设、走中国式现代化道路的重要内容和必然要求。中国共产党作为我国现代化事业的主心骨、领路人，对内要做到从严治党、自我革命，"确保党永远不变质、不变色、不变味"；对外要做到规范现代化建设工作的管理与运行，确保各事项、各流程有序开展，以此强化党的治理能力，从而以健全完备的法律法规体系为我国社会主义现代化建设保驾护航。

其三，提升党治国理政的智能化水平。当前人类迈入数字化智能化社会的"基本轮廓"已十分明显，我国也适时开启了"智能治理"的新阶段，着力将人工智能、大数据等技术应用于社会治理，为我国现代化建设打造新的发展增长点。在这一过程中，中国共产党要将数字技术嵌入现代化治理全程，建立"互联网＋党建""互联网＋政务""互联网＋服务"体系架构，持续完善党的执政方式与领导方式，推动数字治理在我国现代化建设中展现新成效。

（四）实现同现代化相统一的党的人民认同目标

牢记"国之大者"，中国共产党引领社会主义现代化进程中，始终以"人民对美好生活的向往"作为评价现代化的重要尺度，将"人民满意"作为衡量现代化成果的首要标准，把党的群众路线贯彻到治国理政全部活动之中。新时代新征程，中国共产党要坚持现代化建设源于人民又必须回到人民的基本逻辑，践行"以人民为中心"理念，构建"党群关系同心圆"，达成同现代化相统一的党的人民认同目标。

其一，坚持人民主体地位。中国共产党要紧紧依靠人民，坚持人民当家作主，摒弃现代化建设中的权力自利逻辑，发挥人民的主体建设力量，更好地塑造中国式现代化的实践样态；同时也要将处理社会主要矛盾视为现代化建设主线，尊重人民首创精神、推进人才强国战略，不断培养合格的社会主义建设者和接班人，为国家现代化建设提供民意基础和人民力量。

其二，保障人民权益。为实现国家现代化与人的现代化共同推进，确保"人的解放"在中国式现代化道路中发挥积极作用，中国共产党要继续创造各种有利条件，以坚持并发展"全过程人民民主"为基本要求，践行国家一切权力属于人民，做到依靠人民执政，保障人民当家作主，最大限度弘扬公平正义，不断凝聚建设社会主义现代化国家的磅礴动力。

其三，让人民共享发展成果。中国式现代化道路是一条"增进人民福祉"的道路，是全体人民共建现代化事业、共享现代化成果、共验现代化成效的道路。中国共产党要将人民的根本利益作为建设现代化国家的出发点与落脚点，着力保障和改善民生，扎实推进共同富裕，既满足人民物质生活的需要，又重视精神文明的建设，落实人的全面发展的需要，使人民幸福与社会主义现代化强国的实现有机衔接在一起。

第七讲

中国式现代化道路的科学内涵、鲜明特征和时代意义

王海燕　黄　锟

在新中国成立以来的长期探索和实践基础上，以习近平同志为核心的党中央坚持理论和实践创新，成功推进和拓展了中国式现代化，开创了中国式现代化道路，创造了人类文明新形态，中华民族伟大复兴展现出前所未有的光明前景。那么中国式现代化道路具有哪些重要而独特的科学内涵、鲜明特征和时代意义呢？

中国式现代化的科学内涵

习近平总书记对中国式现代化的理论创新，强调"中国式现代化"的独特特征及其所蕴含的"现代"元素和"中国"因素，从更宽广、更深邃的视野创新了现代化的内涵和外延，形成了完整系统的中国式现代化理论，推动社会主义现代化建设取得历史性成就、发生历史性变革，为中国式现代化道路提供了更为完善的制度保证、更为坚实的物质基础、更为主动的精神力量。中国式现代化道路扬弃了西方现代

化以资本为中心的根本逻辑，坚持以人民为中心，把推动人的全面发展置于核心地位。中国式现代化道路是以实现中华民族伟大复兴为主题，坚持中国共产党的领导，坚持独立自主、全面发展的中国特色社会主义现代化新道路。

中国式现代化是实现中华民族伟大复兴的现代化。实现现代化是近代以来中华民族孜孜以求的梦想，中国式现代化道路是走向中华民族伟大复兴的现代化道路。中国式现代化是走社会主义道路的现代化。中国式现代化超越了欧美和苏联模式，既不靠对外殖民血腥掠夺、对内残酷剥削人民，也不靠僵化的计划经济模式，而是始终坚持社会主义方向、坚持社会主义道路。中国式现代化是独立自主、自立自强的现代化。中国式现代化坚持独立自主、创新创造的现代化道路，没有现成的经验可循，而是立足国情和中国传统历史文化，独立自主、不懈探索、开拓创新、自立自强，牢牢把握现代化建设普遍性和特殊性、主体性和开放性、延续性和创新性的有机统一。中国式现代化是后发赶超式的现代化。中国式现代化是一个后发发展中国家不断赶超发达国家的现代化，是在短时间内多重任务叠加，用几十年时间走完西方发达国家几百年走过的现代化历程，是工业化、农业现代化、城镇化和信息化叠加发展的现代化。中国式现代化是全面发展的现代化。中国式现代化坚持"五位一体"总体布局和"四个全面"战略布局，是推动物质文明、政治文明、精神文明、社会文明、生态文明全面协调发展，推动实现人的全面发展和社会全面进步的现代化道路。

中国式现代化道路具有鲜明的时代特征

中国式现代化道路既遵循世界现代化普遍规律，借鉴人类社会近现代发展经验，又立足中国国情，继承中华民族几千年优秀传统文化，弘扬和平、发展、公平、正义、民主、自由的全人类共同价值，具有鲜明的时代特征。

中国式现代化道路是中国共产党领导的现代化。与西方议会政党制度下的现代化不同，中国式现代化是坚持中国共产党领导的现代化，中国共产党的先进性使中国式现代化能够引领时代潮流。西方的议会多党制轮流执政、自诩民主，但其实整个政治体系被垄断资本利益集团所控制，现代化的发展方向、政策举措都对国家的整体利益和人民群众的利益缺乏考虑。无产阶级的政党性质、马克思主义的科学理论指导和自我革命等决定了中国共产党的先进性，使中国共产党成为当代世界先进的政治力量。首先，中国共产党始终代表最广大人民根本利益，没有任何自己特殊的利益，从来不代表任何利益集团、任何权势团体、任何特权阶层的利益，这使党在领导现代化的过程中，能够始终确保发展的正确方向。其次，中国共产党坚持以马克思主义为指导。历史和实践证明，马克思主义理论是科学的理论体系，是认识世界、改造世界的强大思想武器。在科学理论的指导下，中国共产党能够正确认识发展规律、深刻把握时代的发展趋势，始终引领时代潮流。最后，中国共产党具有自我革命精神。坚持自我革命，不断自我革命，确保不变质、不变色、不变味，使党在现代化进程中始终成为坚强的领导核心。

中国式现代化道路是坚持以"人"为中心的现代化。与西方现代化以资本为中心不同，中国式现代化坚持以"人"为中心，以人的全面发展和人类解放为发展目标，致力于在发展中确立人的主体性和独立性。西方现代化强调人与自然的关系、人与物的关系、人与人的关系等都要服从资本的需要，资本是整个社会构建的中心，以此为中心不仅确立了以攫取剩余价值为目的的资本主义生产，形成了以支配生产关系为表现形式的经济权力，并将经济权力扩散至政治、文化等各领域，按照资本逻辑规定了社会存在的具体表现形式。中国式现代化道路坚持人民至上，围绕人的需要，实现人的现代化、推动人的全面发展，强调现代化的本质是人的现代化。马克思主义以人的解放和自由全面发展为目的，强调人是社会实践的主体，既被现实社会所塑造，又在推动社会进步中实现自身发展。中国式现代化道路的价值追求，与马克思主义关于人的全面发展学说本质相通，是对马克思主义把无产阶级作为解放主体的再次确认和创造性发展，更是我们党全心全意为人民服务根本宗旨的生动体现。

中国式现代化道路是具有伟大创造力的现代化。与西方以资本主义市场经济为基础的现代化不同，中国式现代化道路创造和发展了社会主义市场经济。按照资源配置方式的不同，经济学把经济体制分为市场经济与计划经济两种。市场经济以市场配置资源为主，计划经济主要由政府集中配置资源。按照与不同社会制度的结合，市场经济又可以分为资本主义市场经济和社会主义市场经济。西方现代化以资本主义市场经济为基础。但资本主义市场经济始终解决不了资本主义的基本矛盾，即生产社会化与资本主义生产资料私有制之间的矛盾，导致经济危机频发且日益严重。为化解经济危机，西方现代化加强了对资本主义市场经济的政府干预，这曾在一定程度上缓和了资本主义的基本矛盾，但私有制决定了这种干预的有限性。传统观念认为，社会主义只能实行计划经济，公有制也只能与计划经济相结合。而资本主义只能实行市场经济，私有制也只能与市场经济相结合。中国共产党坚持解放思想、实事求是，不断突破传统观念的束缚，持续深化和发展对社会主义基本经济制度的认识，从"私营经济是社会主义公有制经济的补充"到"公有制经济和非公有制经济都是社会主义市场经济的重要组成部分"，再到"三位一体"的社会主义基本经济制度，成功实现了社会主义与市场经济的有效结合。这是中国共产党的伟大创造，历史性地解决了传统计划经济缺乏活力、市场经济无法克服资本主义基本矛盾的难题，为中国式现代化提供了更大的活力和旺盛的生命力。

中国式现代化道路是充分发挥历史主动精神的现代化。与西方自发形成的现代化不同，在推动现代化发展上，中国式现代化道路充分发挥人的主观能动性，更好发挥党和政府的作用。工业化进程启动后，在促进现代化发展方面，由于发展理念、政治制度和经济体制等方面的局限，西方政府主要是充当"守夜人"的角色，很少会对社会经济发展进行较大干预和调整。私有制的经济基础也不允许西方政府有更大作为，更不可能让政府采取不利于资本发展的举措。中国式现代化道路则不同，从探索这条道路开始，中国共产党人就充分发挥了历史主动精神。在长期的革命、建设和改革过程中，中国共产党人更是勇于担当、主动作为，为寻找合适的中国式现代化道路进行了艰辛探索。党的十八大以来，以习近平同志为核心的党中央更是主动作为，从多方面推动社会主义现代化的发展。一是坚持理论创新，极大丰富和发展了中国式现代化理论，形成了系统完整的中国式现代化理论体系。二是制定了新"两步走"发展战略，擘画了从全面建成小康社会到基本实现社会主义现代化，再到全面建成社会主义现代化强国的宏伟蓝图和实现路径。三是作出"五位一体"总体布局和"四个全面"战略布局，在不同领域、有条不紊地全面推进中国式现代化的发展。

中国式现代化道路具有重大的时代意义

中国曾经落后的历史面貌、社会主义的国家性质、规模巨大的人口和复杂的国内发展环境等国情，使中国式现代化道路具有更加重大的时代意义。

中国式现代化道路破解了近代以来中国实现现代化的难题。实现现代化，是近代以来中华民族的伟大梦想，新中国成立后，中国共产党领导中国人民开始了社会主义现代化建设的艰辛探索，我们用几十年的时间，走过了西方发达国家几百年的现代化历程。我们把中国特色社会主义和中国式现代化道路结合在一起，创造了经济快速发展和社会长期稳定的伟大奇迹，中华民族迎来了从站起来、富起来到强起来的伟大飞跃，成功推进和拓展了中国式现代化，为中华民族伟大复兴奠定了物质基础、理论指引、制度保证、精神力量和社会条件，中华民族伟大复兴展现出前所未有的光明前景。

中国式现代化道路为发展中国家走向现代化提供了新选择。鸦片战争以后，中国逐渐沦为半殖民地半封建国家，成为世界上发展落后的大国。在中国实现现代化之前，还没有人口规模如此巨大、国内发展环境千差万别的发展中国家成功实现现代化。中国式现代化道路的开辟，超越了西方现代化逻辑，提供了与西方现代化模式完全不同的新选择，为发展中国家实现现代化提供了更加实际、更易借鉴的道路。中国式现代化道路的开辟，破除了西方现代化定于一尊的神话，破解了"现代化＝西方化"的思维定式，为世界各国探索现代化道路提供了全新选择，带动发展中国家实现"群体性崛起"，推动世界格局"东升西降"大变革。

中国式现代化道路为世界社会主义的发展提供了新样本。苏联、东欧等社会主义国家的解体，使世界社会主义陷入低潮。中国式现代化道路突破了传统社会主义单一公有制、计划经济和按劳分配的桎梏，开辟了社会主义现代化新道路，使科学社会主义在中国重新焕发蓬勃生机。中国式现代化道路的成功，使社会主义制度发挥出强大的制度优势和竞争优势，展现了社会主义的强大活力，提升了社会主义在世界上的形象和吸引力。

中国式现代化道路创造了人类现代文明新形态。中国式现代化以和平、发展、公平、正义、民主、自由的全人类共同价值为价值导向，不仅继承和发展了中华民族五千年文明赓续的优秀传统，更在多个维度上探寻着人类文明特别是发展中国家、后起国家文明复兴的普遍经验，以及不同文明在同一时空环境下交融互鉴的格局，创造了人类文明新形态，充分展现出中国式现代化道路为解决全球性问题、促进人类社会发展作出的巨大贡献。在人类文明发展史上，中国式现代化为人类对现代化道路的探索作出新贡献，是一种全新的人类文明形态，彰显了人类文明发展的多样性。

第八讲

中国式现代化的理论创新和实践创造

张占斌　黄　锟

概括提出并深入阐述中国式现代化理论，是党的二十大的一个重大理论创新，是科学社会主义的最新重大成果。习近平总书记在学习贯彻党的二十大精神研讨班开班式上发表重要讲话强调，党的十八大以来，我们党在已有基础上继续前进，不断实现理论和实践上的创新突破，成功推进和拓展了中国式现代化。中国式现代化是我们党领导全国各族人民在长期探索和实践中历经千辛万苦、付出巨大代价取得的重大成果，我们必须倍加珍惜、始终坚持、不断拓展和深化。

中国式现代化在新时代的推进和拓展

中国共产党百年来团结带领中国人民进行的一切奋斗，就是为了把我国建设成为现代化强国，实现中华民族伟大复兴。在这个过程中，我们党对建设社会主义现代化国家在认识上不断深入、在战略上不断成熟、在实践上不断丰富，开创了中国式现代化道路。社会主义革命和建设时期，我们党提出努力把我国逐步建设成为一个具有现代农业、现代工业、现代国防和现代科学技术的社会主义强国目标。改革开放和社会主义现代化建设新时期，我们党从我国基本国情出发，提出要走出一条中国式现代化道路。中国特色社会主义进入新时代后，面对世界百年未有之大变局和中华民族伟大复兴的战略全局，以习近平同志为核心的党中央坚持以中国式现代化推进中华民族伟大复兴，坚持把国家和民族发展放在自己力量的基点上、把中国发展进步的命运牢牢掌握在自己手中，成功推进和拓展了中国式现代化。

中国式现代化，是中国共产党领导的社会主义现代化，既有各国现代化的共同特征，更有基于自己国情的中国特色。这是人口规模巨大的现代化，我国 14 亿多人口整体迈进现代化社会，规模超过现有发达国家人口的总和，艰巨性和复杂性前所未有，我们坚持稳中求进、循序渐进、持续推进；这是全体人民共同富裕的现代化，共同富裕是中国特色社会主义的本质要求，我们坚持把实现人民对美好生活的向往作为现代化建设的出发点和落脚点，着力维护和促进社会公平正义，着力促进全体人民共同富裕；这是物质文明和精神文明相协调的现代化，物质富足、精神富有是社会主义现代化的根本要求，我们不断促进物的全面丰富和人的全面发展；这是人与自然和谐共生的现代化，人与自然是生命共同体，我们坚定不移走生产发展、生活富裕、生态良好的文明发展道路；这是走和平发展道路的现代化，我们在坚定维护世界和平与发展中谋求自身发展，又以自身发展更好维护世界和平与发展。实践表明，中国式现代化扎根中国大地，切合中国实际，体现了社会主义建设规律，体现了人类社会发展规律，为人类实现现代化提供了新的选择。

深刻把握中国式现代化理论的创新和发展

习近平总书记立足国内外形势新变化和实践新发展，在党的二十大报告中指出："中国式现代化的本质要求是：坚持中国共产党领导，坚持中国特色社会主义，实现高质量发展，发展全过程人民民主，丰富人民精神世界，实现全体人民共同富裕，促进人与自然和谐共生，推动构建人类命运共同体，创造人类文明新形态。"中国式现代化孕育形成的中国式现代化理论，实现了对西方以资本为中心的现代化理论的超越。

在现代化的领导力量上，强调中国特色社会主义最本质的特征是中国共产党领导。坚持和完善党的领导，是党和国家的根本所在、命脉所在，是全国各族人民的利益所在、幸福所在。中国特色社会主义最本质的特征是中国共产党领导，中国特色社会主义制度的最大优势是中国共产党领导。这两个科学论断深刻揭示了党的领导与中国特色社会主义和中国式现代化的关系。以中国式现代化全面推进中华民族伟大复兴，必须坚持和加强党的全面领导，把坚持党的领导贯彻和体现到改革发展稳定、内政外交国防、治党治国治军各个领域各个方面，确保充分发挥党总揽全局、协调各方的领导核心作用。

在现代化的前进方向上，强调坚持中国特色社会主义。方向决定道路，道路决定命运。全面建设社会主义现代化国家，是一项伟大而艰巨的事业，必须坚持中国特色社会主义道路。科学认识和把握中国式现代化的社会主义性质和方向，对于深刻理解中国式现代化、进一步推进和拓展中国式现代化具有重要意义。新时代新征程，必须坚持把马克思主义基本原理同中国具体实际相结合、同中华优秀传统文化相结合，推动经济高质量发展，发展全过程人民民主，坚持和完善中国特色社会主义制度，推进国家治理体系和治理能力现代化，推动中国特色社会主义事业不断向前发展。

在现代化的战略部署上，强调统筹推进"五位一体"总体布局和协调推进"四个全面"战略布局。"五位一体"总体布局是推进中国特色社会主义事业发展的整体系统，要求全面推进经济建设、政治建设、文化建设、社会建设、生态文明建设，促进现代化建设各个环节、各个方面协调发展。"四个全面"战略布局是新时代坚持和发展中国特色社会主义的实践探索和理论创新的重要成果。"四个全面"中的每一个"全面"都具有重大战略意义，每个"全面"都要放在整个战略布局中来理解和把握。

在现代化的指导原则上，强调坚持创新、协调、绿色、开放、共享的新发展理念。理念是行动的先导，一定的发展实践都是由一定的发展理念来引领的。新发展理念是一个系统的理论体系，从理念层面回答了现代化的动力、路径、目标等重大问题，阐明了我们党关于发展的政治立场、价值导向、发展模式、发展道路等重大政治问题。新发展理念主旨相通、目标指向一致，既各有侧重又相互支撑，构成了一个系统化的内在逻辑体系，是中国式现代化必须坚持的指导原则。

在现代化的首要任务上，强调高质量发展是全面建设社会主义现代化国家的首要任务。发展是党执政兴国的第一要务。没有坚实的物质技术基础，就不可能全面建成社会主义现代化强国。在新征程上，要牢牢把握高质量发展这一中国式现代化的本质要求，完整、准确、全面贯彻新发展理念，坚持社会主义市场经济改革方向，构建高水平社会主义市场经济体制，坚持和完善社会主义基本经济制度，建设现代化经济体系，推动经济实现质的有效提升和量的合理增长。

在现代化的实现路径上，强调加快构建以国内大循环为主体、国内国际双循环相互促进的新发展格局。构建新发展格局是我国经济现代化的路径选择。构建新发展格局，既要用好市场这个当今世界最稀缺的资源，发挥超大规模市场优势，不断提高自主创新能力，实现高水平自立自强，提高国民经济循环质量，又要把国内国际循环统筹起来，增强国内大循环内生动力和可靠性，以国内大循环吸引全球资源要素，提升国际循环质量和水平，从而实现更高质量、更有效率、更加公平、更可持续、更为安全的发展，为推进中国式现代化提供重要支撑。

在现代化的安全保障上，强调推进国家安全体系和能力现代化，坚决维护国家安全和社会稳定。国家安全是民族复兴的根基，社会稳定是国家强盛的前提。必须坚定不移贯彻总体国家安全观，把维护国家安全贯穿党和国家工作各方面全过程，确保国家安全和社会稳定。要坚持以人民安全为宗旨、以政治安全为根本、以经济安全为基础、以军事科技文化社会安全为保障、以促进国际安全为依托，统筹外部安全和内部安全、国土安全和国民安全、传统安全和非传统安全、自身安全和共同安全，以新安全格局保障新发展格局。

在现代化的世界方位上，强调推动构建人类命运共同体，创造人类文明新形态。中国始终坚持维护世界和平、促进共同发展的外交政策宗旨，致力于推动构建人类命运共同体。中国式现代化是走和平发展道路的现代化，开创了通过合作共赢实现共同发展、和平发展的现代化发展模式，推动构建人类命运共同体，在坚定维护世界和平与发展中谋求自身发展，又以自身发展更好维护世界和平与发展。中国式现代化是创造人类文明新形态的过程，拓展了发展中国家走向现代化的途径，为解决人类问题贡献了中国智慧和中国方案。

推进中国式现代化需要把握的若干重大问题

世界百年未有之大变局加速演进，需要应对的风险和挑战、需要解决的矛盾和问题比以往更加错综复杂。我们必须科学认识和处理好中国式现代化进程中具有战略性、全局性的重大关系，以新的战略思维和一系列新的重大战略部署推进中国式现代化。

把握好中国式现代化的一般性与特殊性的关系。中国式现代化既有各国现代化的共同特征，更有基于自己国情的中国特色。我们成功走出中国式现代化道路，彻底打破了"现代化＝西方化"的迷思，从理论和实践上为发展中国家走向现代化提供了新视角、新路径和新范例，创造了人类文明新形态。一般性与特殊性是辩证统一的。中国式现代化成功推进的一个重要原因就在于我们正确认识和处理了中国式现代化的一般性与特殊性的辩证关系。以中国式现代化全面推进中华民族伟大复兴，既要遵循现代化的普遍规律，充分借鉴吸收人类社会创造的一切优秀文明成果，又要结合我国具体实际和中华优秀传统文化，坚定道路自信、理论自信、制度自信、文化自信，不断推进和拓展中国式现代化，向着中华民族伟大复兴宏伟目标不断迈进。

深刻理解共同富裕是中国特色社会主义的本质要求。贫穷不是社会主义，两极分化也不是社会主义。共同富裕是中国特色社会主义的本质要求，也是中国式现代化的本质要求和重要特征。中国式现代化道路，是基于我国独特的文化传统、独特的历史命运、独特的基本国情走出来的。在中国式现代化道路上实现的共同富裕，是全体人民的富裕，是人民群众物质生活和精神生活都富裕，是人人参与、人人尽力、人人享有的富裕。扎实推进共同富裕，要靠全体人民共同奋斗，遵循经济社会发展规律循序渐进，脚踏实地、久久为功；要处理好效率与公平的关系，既注重效率，坚持高质量发展，在更高层次上做大"蛋糕"，又促进公平，完善分配制度，更高水平地分好"蛋糕"，在现代化进程中推动共同富裕取得实质性进展。

统筹协调推进国内循环和国际循环。国内循环与国际循环具有内在关联性和根本一致性，是构建新发展格局的重要支柱。协调推进国内循环和国际循环，是推进经济现代化的重要抓手。我们要从基本国情出发，遵循大国经济发展规律，运用改革思维和改革办法，统筹考虑短期应对和中长期发展，更加重视两个循环的平衡和协调，把国内国际循环统筹起来，形成相互促进、彼此支撑、融合发展的新发展局面。畅通国内循环的关键是扭住扩大内需这个战略基点，把深化供给侧结构性改革与之有机结合起来，夯实国内循环体系的体制基础，畅通国内循环体系的基本环节，优化国内循环体系的空间布局，筑牢国内循环体系的产业根基。畅通国际循环的关键是提升控制力和稳定性，形成高水平对外开放新格局，加快推动区域经济合作，积极参与全球经济治理，强化国内外产业链的关联和互动，促进国内国际两个循环相互促进、融合发展。

既要发挥制度优势又要提升治理效能。制度好不好，是可以从治理效能中体现出来的。发挥制度优势，把制度优势转化为治理效能，是一个国家现代化的核心内容和必然要求。正确处理制度优势与治理效能的关系，需要把握两个彼此关联的环节。一是全面深化改革，形成系统完备、科学规范、成熟定型、运行有效的制度体系，完善制度优势转化为治理效能的体制机制。要不断加强制度体系的系统性、整体性、协同性，集中突破"中梗阻"，处理好改革"最先一公里"和"最后一公里"的关系，推动国家治理制度化、规范化、程序化。二是强化制度的执行。制度的生命力在于执行。各级党委和政府以及各级领导干部要强化制度意识，带头维护制度权威，提高制度执行力，把制度执行到位、将政策贯彻到底。

第九讲

为什么说共同富裕是中国式现代化的重要特征

赵长茂

    党的二十大报告明确概括了中国式现代化 5 个方面的中国特色，也就是 5 个重要特征，其中一个方面是："中国式现代化是全体人民共同富裕的现代化。共同富裕是中国特色社会主义的本质要求，也是一个长期的历史过程。我们坚持把实现人民对美好生活的向往作为现代化建设的出发点和落脚点，着力维护和促进社会公平正义，着力促进全体人民共同富裕，坚决防止两极分化。"习近平总书记在学习贯彻党的二十大精神研讨班开班式上发表重要讲话强调，中国式现代化既是理论概括，也是实践要求，为全面建成社会主义现代化强国、实现中华民族伟大复兴指明了一条康庄大道。这些重要论述，为共同富裕这一长期奋斗目标注入了新的时代内涵，也进一步揭示了中国式现代化道路的本质和内涵。

共同富裕是体现中国式现代化质的规定性的特征

什么是国家现代化，理论界通常会提到 1983 年由美国社会学家英格尔斯介绍到我国的"现代化指标体系"，包括人均 GDP、农业产值比重、服务业比重、非农业劳动力占总劳动力比重、城市化率、成人识字率、每名医生服务人数、婴儿死亡率、人口自然增长率、平均预期寿命等。透过这些"技术性"指标，我们固然可以比较全面地观察到一个国家的发展程度，但却无法判断这个国家现代化的特质，即什么社会制度背景下的现代化，或者是什么性质的现代化。研究表明，在指标体系提出者及诸多研究现代化问题的西方学者的概念中，现代化国家等同于发达资本主义国家。

国家现代化，曾是几代中国人可望而不可即的梦想。新中国成立后，我们党带领人民经过长期努力，探索出一条中国式现代化新道路，打破了只有遵循资本主义现代化模式才能实现现代化的神话，证明了西方现代化道路并非人类通向现代化的唯一道路，破除了"现代化就是西方化"的迷思。实践证明，富裕是国家现代化的基础性标志，但是富裕是少数人富裕，还是全体人民的富裕，却体现着现代化的不同性质。由社会根本制度所决定，中国式现代化必然是共同富裕的现代化。

社会主义制度为中国式现代化不断走向共同富裕提供了可靠保证。新中国成立初期，毛泽东同志就指出，我们实行的制度，可以使我们"一年一年走向更富更强""这个富，是共同的富，这个强，是共同的强，大家都有份"。1985 年 3 月，邓小平同志提出，社会主义的目的就是要全国人民共同富裕，不是两极分化。党的十八大以来，习近平总书记多次强调，"我们追求的富裕是全体人民共同富裕"。

作为中国式现代化重要特征的全体人民共同富裕，是物质生活和精神生活都富裕，是让全体人民有更多获得感的富裕。这种获得感，不仅来自收入持续增加基础上生活水平逐步提高和与之相适应的精神文化生活的日益丰富，也来自对社会和谐稳定、公平正义、自然生态环境改善等需求的不断满足。概括起来说，我们要实现的共同富裕，是层次循序递进、水平不断提高的全体、全面富裕。共同富裕构成中国式现代化"底色"的底层逻辑是，共同富裕目标分阶段更新和向着目标不断迈进的不竭动力，来自中国共产党的性质宗旨和初心使命。

实现共同富裕需要全体人民共同奋斗

按照中央的规划和部署，到"十四五"末，全体人民共同富裕将迈出坚实步伐，居民收入和实际消费水平差距逐步缩小；到 2035 年，全体人民共同富裕取得更为明显的实质性进展，基本公共服务实现均等化；到 21 世纪中叶，全体人民共同富裕基本实现，居民收入和实际消费水平差距缩小到合理区间。我们有理由相信，随着共同富裕的扎实推动，既定目标将一步步实现，人民群众对高品质幸福生活的期待将一步步变成现实。

但必须看到，我国经济总量虽然已多年稳居世界第二，人均国内生产总值也已逼近世界银行划定的高收入国家门槛，但我国经济总量依然和美国有一段不小的距离，经济质量差距明显，人均国民总收入水平更是难望发达国家项背。党的十八大以来，经济高质量发展扎实推进，效益不断提高，经济持续向好的基本面没有变。打赢脱贫攻坚战，使近一个亿的农村贫困人口脱贫，区域性整体贫困得到解决，全面建成小康社会，为共同富裕奠定了良好基础，但农业农村发展、农民增收致富的难度依然不小。基尼系数虽然达到峰值后呈波动下降趋势，但收入差距依然偏大，收入分配不合理问题依然突出。推动共同富裕，必然是分配结构、社会群体结构、社会生产关系显著变化的过程，也必然是新问题不断出现、各种矛盾交织积累的过程。我国发展环境更加不确定不稳定，推动共同富裕可能面临的风险和挑战不少，让14亿多人过上好日子，享受现代生活，绝不是一件轻轻松松的事情。

困难面前需要自信，更需要扎扎实实的努力。要充分认识实现共同富裕的长期性、艰巨性和复杂性，充分认识共同富裕必须靠共同奋斗来实现，幸福生活只能靠勤劳智慧来创造。只有充分调动各方面积极性，通过全国人民共同奋斗把思路转化为行动，把政策措施落到实处，才能把共同富裕的蓝图变成现实，愿景变为实景。

高质量发展是实现高质量共同富裕的根本路径

实现共同富裕的根本途径是发展。习近平总书记指出，发展依然是当代中国的第一要务，中国执政者的首要使命就是集中力量提高人民生活水平，逐步实现共同富裕。只有坚持以经济建设为中心，聚精会神谋发展，推动经济实现质的稳步提升和量的合理增长，才能创造更多可供分配的高质量产品和服务，满足人民的美好生活需要。

在新发展阶段，高质量发展成为主题，经济发展的重心已由以高速增长解决"有没有"问题，转向以高质量发展解决"好不好"问题。实现共同富裕，首先要把"蛋糕"做大做好，然后把"蛋糕"切好分好。做大做好"蛋糕"，靠的是高质量发展。"做大"需要一定的经济增长速度，"做好"必须是有质量的增长。"蛋糕"只有做大才能多分，只有做好才能美味。高质量发展是实现高质量共同富裕的根本路径。习近平总书记指出，"把推动高质量发展放在首位"，"在高质量发展中促进共同富裕"。在全面建成小康社会之后，坚持高质量发展，必将推动共同富裕不断向更高质量更高层次迈进。

要做大做好"蛋糕"，提高经济增长的就业带动力至关重要。就业是民生之本、收入之源，扩大就业要靠经济增长。提高经济增长的就业带动力意味着可以更多安排就业，更多增加劳动者收入。着眼于推动共同富裕，必须强化经济增长的就业导向，发挥中小微企业就业主渠道作用，通过不断壮大实体经济创造更多就业岗位，加大人力资本投入，提高劳动者素质，增强劳动者适应能力，促进就业量的扩大和质的提升。

第十讲

从五个"重大原则""五个坚持"
看推进中国式现代化的实践要求

韩庆祥　张　健

党的二十大报告指出："从现在起，中国共产党的中心任务就是团结带领全国各族人民全面建成社会主义现代化强国、实现第二个百年奋斗目标，以中国式现代化全面推进中华民族伟大复兴。"为顺利完成这一中心任务，二十大报告进一步强调："前进道路上必须牢牢把握以下重大原则：坚持和加强党的全面领导，坚持中国特色社会主义道路，坚持以人民为中心的发展思想，坚持深化改革开放，坚持发扬斗争精神。"这五个重大原则，简称"五个坚持"，为今后全面建设社会主义现代化国家提供了根本遵循和行动指引。习近平总书记强调："只有全面、系统、深入学习，才能完整、准确、全面领会党的二十大精神，对是什么、干什么、怎么干了然于胸，为贯彻落实打下坚实基础。"全面把握"五个坚持"重大原则，首先需要深入研究其所内含的深层逻辑，知其然更知其所以然，从而深刻把握推进中国式现代化的实践要求。

为什么提出"五个坚持"

这是中国式现代化的性质和特征之规定使然，是全面建设社会主义现代化国家之必然要求，是积极应对大考之主动准备，目的是让全党同志对中国式现代化、对全面建设社会主义现代化国家的实践要求有深刻理解和准确把握。

习近平总书记强调："新时代以来，党的理论创新和实践创新是十分生动的，我们的学习也应该是生动的，不能仅停留在记住一些概念和提法。"从根本上说，"五个坚持"是党的二十大报告在政治上、理论上就党和国家事业发展制定的大政方针的重要内容之一。把握这些原则提出的针对性，需要我们在读原文的基础上，同时联系十八大以来党和国家事业取得的历史性成就、发生的历史性变革，联系国际环境深刻变化，领悟其包含的理论逻辑和实践逻辑。

从理论上说，中国式现代化是中国共产党领导的社会主义现代化，这是性质规定。中国式现代化既有各国现代化的共同特征，更有基于自己国情的中国特色，体现为人口规模巨大、全体人民共同富裕、物质文明和精神文明相协调、人与自然和谐共生、走和平发展道路五个方面，这是基本特征。在逻辑上，性质决定要求，特征影响实践。中国共产党领导的社会主义现代化性质，决定了中国式现代化的领导主体必须是也只能是中国共产党，坚持和加强党的全面领导，是中国式现代化的本质性要求。五大特征意味着，中国式现代化的实践必须回应世界和中国两大方面的诉求，必须回答科学发展和价值立场等合规律与合目的两个尺度的时代之问。也就是说，中国式现代化的性质与特征之规定，预示着中国式现代化的理论逻辑或者说理论框架必然指向以下几方面：谁来领导？为谁而干？走什么路？动力之源是什么？以什么样精神状态来干？谁来领导，指的就是要坚持和加强中国共产党全面领导。为谁而干，就是坚持以人民为中心的发展思想。走什么路，就是坚持走中国特色社会主义道路。动力之源是什么，就是坚持深化改革开放。以什么样精神状态来干，就是坚持发扬斗争精神。由此可见，"中国式现代化的性质和特征"这一内涵本身，已经覆盖了"五个坚持"的实践原则之要义。换言之，在"中国式现代化的性质和特征"中，"五个坚持"已经"呼之欲出"了。通俗说，中国式现代化的本质规定性要求在前进道路上，必须提出"五个坚持"。这是推进中国式现代化、全面建设社会主义现代化国家的必然要求。

从现实上看，党的二十大报告指出，我国发展进入战略机遇和风险挑战并存、不确定难预料因素增多的时期，各种"黑天鹅""灰犀牛"事件随时可能发生，全党同志必须准备经受风高浪急甚至惊涛骇浪的重大考验。在这种情境下，为了顺利完成全面建成社会主义现代化强国、以中国式现代化全面推进中华民族伟大复兴的中心任务，为了使"两步走"战略安排走得稳、走得好，为了有力有效应对风高浪急甚至惊涛骇浪的考验，就需要确定根本遵循，这就是提出"五个坚持"的必要性所在。提出"五个坚持"，这是现实的急需。对于考验，党的二十大报告强调了国内国外两个方面、机遇挑战两个方面：一是战略机遇和风险挑战并存（战略机遇＝百年未有之大变局＋科技革命和产业变革＋国际力量对比；风险挑战＝世纪疫情＋逆全球化思潮＋单边主义、保护主义＋世界经济＋局部冲突和动荡＋全球性问题）。二是不确定和难预料因素增多

（深层次矛盾＋顽固性、多发性问题＋外部打压遏制随时可能升级）。要有效应对这些考验，需要做好三个方面：抓住机遇，化解风险，应对困难和挑战。这意味着，前进道路上，我们要对所面临的机遇、困难、风险和挑战背后蕴含的"是什么、干什么、怎么干"等根本问题有清醒的认识，否则，全面建设社会主义现代化国家就是一句空话。党的二十大报告提出"五个坚持"，就全面建设社会主义现代化国家提出重大实践要求，回应了"是什么、干什么、怎么干"的问题。是什么？是中国共产党领导的社会主义现代化，必须坚持和加强党的全面领导。干什么？要坚持和发展中国特色社会主义，要坚持以人民为中心的发展思想，要以中国式现代化全面推进中华民族伟大复兴，要为中国人民谋幸福，要把国家和民族发展放在自己力量的基点上，要把中国发展进步的命运牢牢掌握在自己手中。怎么干？坚持深化改革开放，坚持发扬斗争精神。

总之，为什么提出"五个坚持"？综合理论与现实，可以这样判断，中国式现代化的性质和特征之规定使然，是全面建设社会主义现代化国家之必然要求，是积极应对大考之主动准备，目的是让全党同志对中国式现代化、对全面建设社会主义现代化国家的实践要求，对面临的机遇、困难、风险和挑战，对我们"是什么、干什么、怎么干"了然于胸，从而为贯彻落实全面建设社会主义现代化国家战略部署打下坚实基础。

"五个坚持"是什么

从文本看，"坚持和加强党的全面领导，坚持中国特色社会主义道路，坚持以人民为中心的发展思想，坚持深化改革开放，坚持发扬斗争精神"，这些内容实际上是从五个不同维度提出所要遵循的重大原则或根本要求，为的是在实践上给全面建设社会主义现代化国家提供一种总体的行动框架。

从结构上说，上述行动框架内含下述逻辑脉络：党的全面领导→中国特色社会主义道路→以人民为中心的发展思想→改革开放→斗争精神。其中，坚持和加强党的全面领导回答"谁在领导"的问题，坚持以人民为中心的发展思想回答"为谁而建设"的问题，坚持中国特色社会主义道路回答"采取何种路径和方略"的问题，坚持深化改革开放回答"动力之源"的问题，坚持发扬斗争精神回答"以什么样的精神状态行走具有曲折、坎坷之路"的问题。综合而言，"五个坚持"体现出这样的逻辑：谁领导建设→为谁而建设→怎么建设→建设的动力之源何来→以什么样的精神状态进行建设。即围绕着全面建设社会主义现代化国家这个伟大实践、伟大征程，回答了上述五大重要问题。从本质上说，这些重要问题是奋进新征程的时代要求，"五个坚持"重大原则，就是对这一诉求的自觉回应。在这个意义上，"五个坚持"本质上是对新时代新征程上时代之诉求的自觉回应，它回答了时代之问。质言之，"五个坚持"确定了新时代新征程上如何以中国式现代化全面推进中华民族伟大复兴、全面建设社会主义现代化国家的行动纲领和行动方案，详细和深刻描绘了中国式现代化的实践运作框架。具体如下：

第一，新时代新征程上，如何坚持和加强党的全面领导？党的二十大报告强调："要坚决维护党中央权威和集中统一领导，把党的领导落实到党和国家事业各领域各方面各环节，使党始终成为风雨来袭时全体人民最可靠的主心骨，确保我国社会主义现代化建设正确方向，确保拥有团结奋斗的强大政治凝聚力、发展自信心，集聚起万众一心、共克时艰的磅礴力量。"这里，坚持和加强党的全面领导体现的内容是：党中央权威和集中统一领导＋党和国家事业各领域各方面各环节＋主心骨＋正确方向＋政治凝聚力、发展自信心＋万众一心、共克时艰。它蕴含的逻辑是：把党中央权威和集中统一领导→落实到各领域各方面各环节→成为人民最可靠的主心骨→确保正确方向，形成政治凝聚力、发展自信心，实现万众一心、共克时艰。可以说，该原则对党的领导的目的性、全面性和目标性作出了详细规定。

第二，新时代新征程上，如何坚持中国特色社会主义道路？党的二十大报告强调："坚持以经济建设为中心，坚持四项基本原则，坚持改革开放，坚持独立自主、自力更生，坚持道不变、志不改，既不走封闭僵化的老路，也不走改旗易帜的邪路，坚持把国家和民族发展放在自己力量的基点上，坚持把中国发展进步的命运牢牢掌握在自己手中。"其内容结构为：一个中心（经济建设）＋四个基本点（四项基本原则，改革开放，独立自主、自力更生，道不变、志不改）＋两个"不走"（不走封闭僵化的老路，不走改旗易帜的邪路）＋两个坚持（自己力量，自己手中）。其逻辑体现为：坚持基本路线的核心（一个中心，两个基本点）→强调"独立自主、自力更生，道不变、志不改"→重申"两个不走"→突出"自己力量，自己手中"。一定意义上，这就宣示了在新时代新征程上要干什么，即：要坚持基本路线，要独立自主、自力更生，要道不变、志不改，要把国家和民族发展放在自己力量的基点上，要把中国发展进步的命运牢牢掌握在自己手中。

第三，新时代新征程上，如何坚持以人民为中心的发展思想？党的二十大报告强调："维护人民根本利益，增进民生福祉，不断实现发展为了人民、发展依靠人民、发展成果由人民共享，让现代化建设成果更多更公平惠及全体人民。"这里，关键词是：根本利益＋民生福祉＋发展为了人民、发展依靠人民、发展成果由人民共享＋更多更公平。它体现的逻辑是：发展目的（维护根本利益→增进民生福祉）→价值理念（为了人民、依靠人民、人民共享）→最终目标（成果更多更公平惠及全体人民）。可以说，它是以鲜明的人民性、清晰的全过程贯穿性（人民目的—人民理念—全民目标）和"五个坚持"这种方式，详细地回答了"为谁建设"这一人民之问，人民立场非常鲜明。

第四，新时代新征程上，如何坚持深化改革开放？党的二十大报告强调："深入推进改革创新，坚定不移扩大开放，着力破解深层次体制机制障碍，不断彰显中国特色社会主义制度优势，不断增强社会主义现代化建设的动力和活力，把我国制度优势更好转化为国家治理效能。"它表述的基本内容是：改革创新＋扩大开放＋破解深层次障碍＋制度优势＋动力和活力＋（制度优势→治理效能）。其关键词是：创新—扩大—深层次—制度优势—动力活力—转化。它体现的逻辑为：深入推进改革，坚定不移扩大开放→着力破解深层次障碍→彰显制度优势，增强动力和活力→把制度优势更好转化为国家治理效能。一定意义上，它是从创新和扩大两个路径上，从破障和立新两个方向上，从制度优势和治理效能两个维度上，回答了新时代新征程上"怎么建设"这一问题。可以说，这是"怎么建设"的基本行动路线、行动方案。

第五，新时代新征程上，如何坚持发扬斗争精神？党的二十大报告强调："增强全党全国各族人民的志气、骨气、底气，不信邪、不怕鬼、不怕压，知难而进、迎难而上，统筹发展和安全，全力战胜前进道路上各种困难和挑战，依靠顽强斗争打开事业发展新天地。"在结构上，有五个要点：志气、骨气、底气，不信邪、不怕鬼、不怕压＋知难而进、迎难而上＋统筹发展和安全＋战胜困难和挑战＋顽强斗争。其内在逻辑体现为：气和势→知难和迎难→发展和安全→困难和挑战→顽强和斗争。从应该增强的气和势，从应当保持的上和进，从要统筹的发展和安全，从要战胜的困难和挑战，从要顽强斗争等多方面，回答了"以什么样的精神状态进行建设"的问题。要言之，如何发扬斗争精神，这五个方面就是基本遵循。

总之，上述分析显示，"五个坚持"指明了在前进道路上的基本问题，即：谁在领导建设？以什么路径和方略进行建设？为谁而建设？建设的动力之源何在？以什么精神状态建设？在本质上，它是新时代新征程上以中国式现代化全面推进中华民族伟大复兴的定海神针与行动框架、行动纲领。

"五个坚持"与中国式现代化实践是什么关系

前者是后者的理论支撑，旨在为全面建设社会主义现代化国家、全面推进中华民族伟大复兴提供行动指引。从根源上追问，"五个坚持"从哪里来？经结构分析可以看出，它源于中国式现代化的本质要求。

中国式现代化的本质要求是："坚持中国共产党领导，坚持中国特色社会主义，实现高质量发展，发展全过程人民民主，丰富人民精神世界，实现全体人民共同富裕，促进人与自然和谐共生，推动构建人类命运共同体，创造人类文明新形态。"从文本看，其结构为：中国共产党领导＋中国特色社会主义＋高质量发展＋全过程人民民主＋精神世界＋共同富裕＋人与自然和谐共生＋人类命运共同体＋人类文明新形态。其内在逻辑为：总体（中国共产党领导，中国特色社会主义）→"五位一体"（经济建设、政治建设、文化建设、社会建设、生态文明建设五位一体）→共同体(人类命运共同体，人类文明新形态)。它与"五个坚持"文本结构（即"谁领导建设→采取何种路径建设→为谁建设→建设动力之源何来→以什么精神状态进行建设"）对比，可以发现，中国共产党领导—中国特色社会主义—人民，是"本质要求"和"五个坚持"二者之间的共性要素，也就是说，二者之间具有共通性。何以有这种共通性？究其根由在于，中国式现代化的本质要求，既是本质，也是要求，源于本质，指向现实，放眼世界。"本质"主要侧重"中国共产党领导＋中国特色社会主义"两个要素，"现实"侧重"高质量发展＋全过程人民民主＋精神世界＋共同富裕＋人与自然和谐共生"五个要素，"世界"侧重"人类命运共同体＋人类文明新形态"。而"五个坚持"，以其"谁领导建设→采取何种路径建设→为谁建设→建设动力何来→以什么样精神状态建设"这样的逻辑规定，对中国式现代化的本质规定给出了具体阐释，是中国式现代化本质要求的具体展开。可见，在中国式现代化理论中，"本质→本质性要求→实践要求"具有内在关联性，体现为一种"源"和"流"之结构。这意味着，"本质要求"与"五个坚持"之间，是一种"本质要求"和"实践要求"的关系，是"源"和"流"的关系。这决定了"五个坚持"本质上也是理论性的，只不过与"本质要求"相比，它对中国式现代化实践更具有直接的指导作用。在这个意义上，"五个坚持"也是指导中国现代化战略部署的理论依据，是全面建设社会主义现代化国家的强大理论支撑，旨在为全面建设社会主义现代化国家提供行动指引。

而关于全面建设社会主义现代化国家的战略部署及其实践，党的二十大报告提出，全面建成社会主义现代化强国，总的战略安排是分

两步走：从 2020 年到 2035 年基本实现社会主义现代化；从 2035 年
到 21 世纪中叶把我国建成富强民主文明和谐美丽的社会主义现代化
强国。未来五年主要目标任务是：经济高质量发展取得新突破，科技
自立自强能力显著提升，构建新发展格局和建设现代化经济体系取得
重大进展；改革开放迈出新步伐，国家治理体系和治理能力现代化深
入推进，社会主义市场经济体制更加完善，更高水平开放型经济新体
制基本形成；全过程人民民主制度化、规范化、程序化水平进一步提高，
中国特色社会主义法治体系更加完善；人民精神文化生活更加丰富，
中华民族凝聚力和中华文化影响力不断增强；居民收入增长和经济增
长基本同步，劳动报酬提高与劳动生产率提高基本同步，基本公共服
务均等化水平明显提升，多层次社会保障体系更加健全；城乡人居环
境明显改善，美丽中国建设成效显著；国家安全更为巩固，建军一百
年奋斗目标如期实现，平安中国建设扎实推进；中国国际地位和影响
进一步提高，在全球治理中发挥更大作用。

分析上述战略部署和全面安排，可以看到全面建设社会主义现代
化国家的实践路径和脉络：2035 年基本实现社会主义现代化→2050
年全面建成社会主义现代化强国：当前五年主要目标＝"经济高质量
发展，科技自立自强，新发展格局和现代化经济体系"＋"改革开放，
国家治理体系和治理能力现代化，市场经济体制"＋"全过程人民民主，
法治体系"＋"精神文化生活，民族凝聚力和中华文化影响力"＋"居
民收入增长和经济增长，劳动报酬提高与劳动生产率提高，基本公共
服务均等化，社会保障体系"＋"人居环境，美丽中国建设"＋"国
家安全，建军一百年奋斗目标，平安中国建设"＋"国际地位和影响，
全球治理中发挥更大作用"。其实践的逻辑脉络是：社会主义→现代

化强国→全面建设社会主义现代化国家"五位一体"总体布局→"四个全面"战略布局→重大领域（军队、外交、安全）。在这个意义上，全面建设社会主义现代化国家的战略部署及其实践路径可概括为：中国特色社会主义→现代化强国→"五位一体"总体布局→"四个全面"战略布局→重大领域（军队、外交、安全）。这意味着，在具体实践推进中，需要明确如下要求：谁来保证社会主义方向；怎样全面建成社会主义现代化强国；"五位一体""四个全面""重大领域"都是为了谁；等等。必须回答以及如何回答，这就是前进道路上全面建设社会主义现代化国家之"实践要求"（"五个坚持"）产生的必要性。

在这种背景下，党的二十大报告提出，前进道路上必须牢牢把握以下重大原则，即"五个坚持"。这就分别回答了：谁来保证社会主义方向？坚持和加强中国共产党全面领导。怎么全面建成社会主义现代化强国？坚持中国特色社会主义道路。全面建设社会主义现代化国家是为了谁？坚持以人民为中心的发展思想。建设的动力之源何来？坚持深化改革开放。应以什么精神状态进行建设？坚持发扬斗争精神，战胜前进道路上各种困难和挑战。就此而言，对全面建设社会主义现代化国家、全面推进中华民族伟大复兴何以自信？因为科学且合规律性。何以自强？因为回应人民所需，发挥历史主动，合目的性。质言之，"五个坚持"因其内在的合规律性与合目的性，而成为新时代新征程上推动"两个全面"成功实践的强大理论指引。

总之，党的二十大报告提出的五个重大原则，指明了在前进道路上的根本问题，为以中国式现代化全面推进中华民族伟大复兴战略全局提供了理论支撑。在实践中，我们一定要深入学习把握五个重大原则，努力做到对新时代新征程全面建设社会主义现代化国家所面临的机遇、困难、风险和挑战，及其所蕴含的"是什么、干什么、怎么干"要十分清楚，为完成全面建设社会主义现代化国家的战略部署打下坚实基础。

第三章

中国式现代化的实践路径

第十一讲

怎样才能牢牢把握全过程人民民主的本质

时兴和

党的二十大报告将"发展全过程人民民主，保障人民当家作主"作为专章进行了重点部署。实现中国式现代化目标，必须深刻把握全过程人民民主的本质属性，坚持把全过程人民民主落实到中国特色社会主义民主政治建设的各领域各方面各环节中去。

习近平总书记2019年在上海市长宁区考察时提出"人民民主是一种全过程的民主"这一重大命题，在党的二十大报告中进一步指出，"全过程人民民主是社会主义民主政治的本质属性，是最广泛、最真实、最管用的民主"，深刻揭示了全过程人民民主的人民性。

人民性是马克思主义最鲜明的品格。《共产党宣言》旗帜鲜明地宣告，"无产阶级的运动是绝大多数人的，为绝大多数人谋利益的独立的运动"，这个运动的第一步，就是"争得民主"，其所建立的国家必须是"新的真正民主的国家政权"。当马克思主义的命运同中国共产党的命运、中国人民的命运、中华民族的命运紧紧连在一起时，它的人民性在中国就得到了充分贯彻。自成立之日起，中国共产党始终把人民立场作为根本立场，坚持全心全意为人民服务的根本宗旨。

人民民主是社会主义的生命，没有民主就没有社会主义。发展社会主义民主政治要体现人民意志，保障人民权益，激发人民创造活力。社会主义愈发展，民主也愈发展。只有坚持人民主体地位，发展全过程人民民主，走中国特色社会主义政治发展道路，才能不断彰显中国特色社会主义制度优势，不断增强社会主义现代化建设的动力，把我国制度优势更好转化为国家治理效能。

人民性是全过程人民民主的逻辑起点。发展全过程人民民主，就是要把实现好、维护好、发展好最广大人民根本利益作为出发点和落脚点。江山就是人民，人民就是江山，必须坚持人民至上，坚持以人民为中心。"站稳人民立场、把握人民愿望、尊重人民创造、集中人民智慧"，因而也就需要相宜的制度体系、制度程序和参与实践，切实保证人民当家作主。

一、坚持好过程民主和成果民主的统一

过程民主和成果民主的统一彰显了全过程人民民主的独特优势，也是全过程人民民主和西方民主的本质区别。西方民主政治大都囿于选举和公投的过程，局限于民主过程的票决环节，在民主的过程和民主的成果之间存在断裂现象。有的"民主"过分重视过程，至于人民享有民主成果的多少则无人问津。有的"民主"过分强调过程的某些环节和方面，造成民主成果的残缺不全。中国式民主是全过程人民民主，这不仅存在于票决环节，更存在于民主过程的整个链条；不仅存

在于民主的过程中，而且体现在民主治理的质量和效能上；不仅存在于国家权力运行的过程中，更存在于公民权利实现的成果里。如此，就保证了民主过程的可靠管用，保证了民主成果的真实有效。全过程人民民主，从过程上看是全链条、全方位、全覆盖的民主，从成果上看是最广泛、最真实、最管用的民主。

习近平总书记反复强调，民主不是装饰品，不是用来做摆设的，而是要用来解决人民需要解决的问题的。一个国家民主不民主，关键在于是不是真正做到了人民当家作主。把"四个要看、四个更要看"作为尺度，来评价一个国家的民主制度，是习近平总书记对马克思主义民主理论创造性的继承和发展。在马克思看来，选举只是一种政治形式，"选举的性质并不取决于这些名称，而是取决于经济基础，取决于选民之间的经济联系"。列宁进一步透过经济联系揭示了民主的实质之所在，把生产关系、财产权和所有制作为判断民主的性质以及民主功能的根本标准。在此基础上，列宁揭示了资本主义社会的民主本质，它"是一种残缺不全的、贫乏的和虚伪的民主，是只供富人、只供少数人享受的民主"。当今西方民主的乱象，证明了列宁当年的论断。所以，超越西方民主固有的缺陷，发展社会主义民主政治，必须实现过程民主和成果民主的统一，把全过程人民民主的特点和优势充分发挥出来，用制度体系切实保证人民当家作主。

过程民主和成果民主的统一包含着工具理性和价值理性的统一。如果仅仅重视过程民主，很容易导致在民主运行中出现目标置换，把过程当作目的而置民主的实际成果于不顾。我们发展全过程人民民主，就是要实现目的和手段的统一。中国共产党领导人民在社会主义民主政治建设上向来旗帜鲜明，把人民对美好生活的向往作为自己的奋斗目标。党的二十大报告擘画未来发展蓝图，坚持以人民为中心的发展思想，坚持发展为了人民、发展依靠人民、发展成果由人民共享。我们把发展全过程人民民主作为中国式现代化的本质要求的重要内容，把富强民主文明和谐美丽作为社会主义现代化强国的战略愿景。

二、坚持好程序民主和实质民主的统一

程序民主和实质民主的统一是全过程人民民主的本质体现。实质民主与国体相连，程序民主与政体相关。程序民主和实质民主的统一，以国体和政体的统一为基础，这是由人民当家作主的本质所决定的。党的二十大报告强调，"坚持宪法确定的中国共产党领导地位不动摇，坚持宪法确定的人民民主专政的国体和人民代表大会制度的政体不动摇"。国体是国家的性质问题，反映了民主的本质；政体是国体的表现形式，是政权的组织形式。马克思指出，"民主制是作为类概念的国家制度"。列宁也说过，"民主是一种国家形式，一种国家形态"。作为国家形态的民主，自然就意味着国体和政体的统一。党的二十大报告立足于中国特色社会主义新时代，在部署发展全过程人民民主战略任务时，重申了这种统一性。

习近平总书记在党的二十大报告中指出："我国是工人阶级领导的、以工农联盟为基础的人民民主专政的社会主义国家，国家一切权力属于人民。人民民主是社会主义的生命，是全面建设社会主义现代化国家的应有之义。"这首先从国体意义上明确了全过程人民民主的国家形态内涵。民主毫无疑问是上层建筑的重要组成部分，也必然是国家政治统治的存在方式。

实质民主和程序民主的统一，意味着民主内容与形式的统一。体

现在国家政权组织形式上，全过程人民民主要求必须加强人民当家作主制度保障。按照党的二十大的战略部署，就是要坚持和完善我国根本政治制度、基本政治制度、重要政治制度，拓展民主渠道，丰富民主形式，确保人民依法通过各种途径和形式管理国家事务，管理经济和文化事业，管理社会事务。人民代表大会制度是我国的根本政治制度，这是世界政治发展史上一种全新的政治制度，是实现全过程人民民主的重要制度载体。必须支持和保证人民通过人民代表大会行使国家权力，保证各级人大都由民主选举产生、对人民负责、受人民监督。与此同时，协商民主是实践全过程人民民主的重要形式，必须推进协商民主广泛多层制度化发展。基层民主是全过程人民民主的重要体现，要积极发展基层民主。在民主发展进程中，人心是最大的政治，还必须巩固和发展最广泛的爱国统一战线。

三、坚持好直接民主和间接民主的统一

直接民主和间接民主的统一是全过程人民民主的应有之义。全过程人民民主是全面的，必须体现在国家政治生活和社会生活的各领域各方面各环节。这就要求在健全人民当家作主制度体系的基础上，通过直接民主和间接民主的多种形式，着力扩大人民有序政治参与，保证人民依法实行民主选举、民主协商、民主决策、民主管理、民主监督，发挥人民群众积极性、主动性、创造性，巩固和发展生动活泼、安定团结的政治局面。

直接民主和间接民主的统一，在体制机制上要求民主制度程序和参与实践的统一。全过程人民民主不仅有完整的制度程序，而且有完整的参与实践，使选举民主和协商民主这两种重要民主形式更好地结

合起来。以人民代表大会制度作为全过程人民民主的完整制度程序支撑，我国已经形成了全面、广泛、有机衔接的人民当家作主制度体系，构建了多样、畅通、有序的民主渠道。从完整的参与实践来看，人民还可以通过多种渠道和途径行使民主权利，这既体现在投票选举和关系国计民生的重大公共事务决策上，也体现在参与国家治理其他环节上，体现在国家政治生活的各个领域中。政治参与是公民权利和国家权力之间的传送带。在间接民主方面，人民通过有序参与影响各级权力机关的决策，使之能反映人民群众的利益。在直接民主方面，人民通过有序参与达成共识，从而实现共同利益。在当代中国，从开门立法、立法直通车，到协商座谈会，再到议事会、恳谈会、听证会等，民主已经成为人们日常工作和生活的重要组成部分，保证了人民当家作主落实到国家政治生活和社会生活之中。

完整的制度程序和完整的参与实践相结合，表明新时代中国共产党人对人民如何当家作主的全新探索。党的十八大以来，党领导人民全面发展全过程人民民主，社会主义民主政治制度化、规范化、程序化全面推进，全过程人民民主从价值理念转化为扎根中国大地的制度形态、治理机制和人民的生活方式，实现了国家层面的民主同社会层面的民主有机结合、直接民主和间接民主的有机统一，人民当家作主更为扎实。

四、坚持好人民民主和国家意志的统一

人民民主和国家意志的统一是全过程人民民主的底层逻辑。这种统一在中国直接体现为党的领导、人民当家作主、依法治国有机统一。习近平总书记多次强调，"坚持中国特色社会主义政治发展道路，关

键是要坚持党的领导、人民当家作主、依法治国有机统一"，"发展
社会主义民主政治，保证人民当家作主，保证国家政治生活既充满活
力又安定有序，关键是要坚持党的领导、人民当家作主、依法治国有
机统一"。三者有机统一包含了政治运行最基本的逻辑，涵盖了政治
生活当中基本的权力关系、利益关系和权利关系。在三者有机统一中
发展全过程人民民主，才能为人民当家作主提供根本保证，充分调动
人民的积极性、主动性、创造性，更加切实、更有成效地实施人民民主。

经过长期探索，我们党不断总结民主发展的基本规律，深刻认识
到坚持党的领导、人民当家作主、依法治国有机统一是社会主义民主
政治发展的必然要求。发展全过程人民民主，必须坚持党的领导，这
是人民当家作主和依法治国的根本保证。人民立场是中国共产党的根
本政治立场。人民是历史的创造者，是决定党和国家前途命运的根本
力量。全过程人民民主体现了人民当家作主的本质属性。全面依法治
国是国家治理的一场深刻革命，关系党执政兴国，关系人民幸福安康，
关系党和国家长治久安，关乎全过程人民民主的发展前途，是党领导
人民治理国家、推进民主政治建设的基本方式。

第十二讲

如何以新发展理念引领经济高质量发展

韩保江

　　党的二十大报告总结阐明了中国式现代化九个方面的本质要求，其中一个方面就是"实现高质量发展"。习近平总书记在学习贯彻党的二十大精神研讨班开班式上发表重要讲话强调，新中国成立特别是改革开放以来，我们用几十年时间走完西方发达国家几百年走过的工业化历程，创造了经济快速发展和社会长期稳定的奇迹，为中华民族伟大复兴开辟了广阔前景。可见，高质量发展对以中国式现代化全面推进中华民族伟大复兴这个中心任务具有重要意义。完整、准确、全面贯彻新发展理念，推动经济高质量发展，也是习近平经济思想的核心要义和实践要求，是以习近平同志为核心的党中央根据我国经济进入新发展阶段所面临严峻复杂形势和新的发展要求而作出的重大抉择，是新时代中国经济发展的鲜明主题。它关乎人民能否过上美好生活，关乎能否赢得新的国际竞争，关乎中国式现代化能否如期实现。

推动经济高质量发展是中国经济持续健康发展的必然要求

推动经济高质量发展的"大逻辑"是中国经济进入"新常态"。习近平总书记指出："新常态下，我国经济发展的主要特点是：增长速度要从高速转向中高速，发展方式要从规模速度型转向质量效率型，经济结构调整要从增量扩能为主转向调整存量、做优增量并举，发展动力要从主要依靠资源和低成本劳动力等要素投入转向创新驱动。"因此，要适应和把握我国经济发展进入新常态的趋势性特征，保持战略定力，增强发展自信，坚持变中求新、变中求进、变中突破，走出一条质量更高、效益更好、结构更优、优势充分释放的发展新路。

推动经济高质量发展是顺应社会主要矛盾新变化的必然要求。党的十九大作出了"中国特色社会主义进入新时代，我国社会主要矛盾已经转化为人民日益增长的美好生活需要和不平衡不充分的发展之间的矛盾"的重大判断。要满足人民过上美好生活的高品质生活要求，必须推进经济高质量发展。习近平总书记指出："解决我国社会的主要矛盾，必须推动高质量发展。我们要重视量的发展，但更要重视解决质的问题，在质的大幅提升中实现量的有效增长。"

推动经济高质量发展是实现中国式现代化的根本抉择。全面建设社会主义现代化国家，实现中国式现代化是我们党确立的第二个百年奋斗目标，是进入新发展阶段的主要任务。党的二十大报告明确概括了中国式现代化是人口规模巨大的现代化、是全体人民共同富裕的现代化、是物质文明和精神文明相协调的现代化、是人与自然和谐共生的现代化、是走和平发展道路的现代化这五个方面的中国特色，深刻揭示了中国式现代化的科学内涵。从这一中国式现代化的内涵中不难看出，要实现这一奋斗目标，必须完整、准确、全面贯彻新发展理念，推进经济高质量发展。

新发展理念是经济高质量发展的思想内涵

习近平总书记指出："高质量发展，就是能够很好满足人民日益增长的美好生活需要的发展，是体现新发展理念的发展，是创新成为第一动力、协同成为内生特点、绿色成为普遍形态、开放成为必由之路、共享成为根本目的的发展。"因此，创新、协调、绿色、开放、共享新发展理念就是新时代我国经济发展需要遵循的"高质量发展规律"。

推动经济高质量发展，必须学懂弄通新发展理念，完整、准确、全面理解新发展理念的理论内涵和"规律属性"，不断提高推进经济高质量发展的理论自觉和实践自觉。新发展理念作为一个系统的理论体系，不仅回答了关于我国经济发展的目的、动力、方式、路径等一系列理论和实践问题，而且阐明了我们党关于经济发展的政治立场、价值导向、发展方式、发展道路等重大政治问题。因此，习近平总书记指出："党的十八大以来我们对经济社会发展提出了许多重大理论和理念。其中新发展理念是最重要、最主要的。"

完整、准确、全面理解新发展理念，要从四个方面去把握。首先，要善于从客观规律上去把握。习近平总书记指出，五大发展理念"不是凭空得来的，是我们在深刻总结国内外发展经验教训的基础上形成的，也是在深刻分析国内外发展大势的基础上形成的，集中反映了我们党对经济社会发展规律认识的深化"。其次，要善于从根本宗旨上去把握。为人民谋幸福、为民族谋复兴，这既是我们党领导现代化建设的出发点和落脚点，也是新发展理念的"根"和"魂"。因此，要作出有效的制度安排，主动解决地区差距、城乡差距、收入差距过大的问题，使全体人民在共建共享发展中有更多获得感，增强发展动力，不断实现全体人民共同富裕。再次，要善于从问题导向上去把握。我国发展已经站在新的历史起点上，要根据新发展阶段的新要求，坚持问题导向，更加精准地贯彻新发展理念，举措要更加精准务实，切实解决好实体经济结构性供需失衡、金融和实体经济的失衡，以及房地产和实体经济的失衡等发展不平衡问题。最后，要善于从忧患意识上去把握。随着我国社会主要矛盾变化和国际力量对比深刻调整，必须增强忧患意识、坚持底线思维，不断推动内化了新发展理念的经济高质量发展，练就"金刚不坏之身"，从容应对各类风险挑战。

完整、准确、全面理解新发展理念，要防止陷入几个误区：

一是对新发展理念的"根"和"魂"理解不深，进而坚持以人民为中心的自觉性不够，从而导致在贯彻新发展理念的实践过程中"只见物、不见人"。习近平总书记指出："人民是我们党执政的最深厚基础和最大底气。为人民谋幸福、为民族谋复兴，这既是我们党领导现代化建设的出发点和落脚点，也是新发展理念的'根'和'魂'。只有坚持以人民为中心的发展思想，坚持发展为了人民、发展依靠人民、发展成果由人民共享，才会有正确的发展观、现代化观。"这就是说，无论是创新发展、协调发展，还是绿色发展、开放发展、共享发展，最终都要以最广大的人民群众特别是基层群众"满意不满意、答应不答应"为根本检验标准。离开人民群众认可的所谓"创新、协调、绿色、开放、共享"，不符合新发展理念的内在要求。如果在贯彻新发展理念过程中只听"上级命令"，只追求"高富美"，而不真正把"人民群众和普通老百姓的合理需求和基本生计"摆进去，必然会导致在创新、协调、绿色、开放、共享上"搞运动"和"一刀切"，进而导致出现大量的"合成谬误"。

二是对新发展理念内在统一的"整体性"理解不够，从而在贯彻新发展理念的实践中存在被"碎片化"和"肢解化"的倾向。习近平总书记指出："五大发展理念是一个不可分割的整体，相互联系、相互贯通、相互促进，要一体坚持、一体贯彻。不能顾此失彼，也不能相互替代。"这里讲"五大理念是一个整体"，并不是讲这五个方面是简单的"并联"或"串联"的"板块关系"，而是强调的是它们"五位一体的辩证统一的关系"。其中，"创新发展"更多强调的是"生产力"，而协调、开放、绿色、共享强调的是生产关系、上层建筑和意识形态。如果把"创新发展、协调发展、绿色发展、开放发展、共享发展"比喻成新的动车组列车，虽然每节动车都自有动力，但"创新发展"是"火车头"，处于主导地位，其他动车处于从属地位。发展动力决定发展的速度、效能和可持续性。因此，创新发展更具有决定性意义，是摆在第一位的。这就要求在贯彻新发展理念的过程中，相关职能部门或一些地方基层政府要围绕更好地解放和发展社会生产力特别是经济建设这个关键，协同发力。

三是对新发展理念的科学内涵理解不完整，只强调"创新、协调、绿色、开放、共享"的发展要求，而忽视了"发展"这个本质要求，从而在贯彻新发展理念过程中不能很好地处理提高发展质量、优化结构与保障必要的经济增长速度的关系。习近平总书记在党的十八届五中全会上讲得很清楚，新发展理念指的是"创新发展、协调发展、绿色发展、开放发展、共享发展"五大理念，后来为便于记忆简化为"创新、协调、绿色、开放、共享"。很显然，在新发展理念中，被简化了的这五个词都是"定语"，讲的是对发展的要求，最终都要落实在

"发展"这个"主语"和本质上。没有必要的发展速度,没有经济总量的不断做大,创新、协调、绿色、开放、共享就失去了载体,这就要求在实践中要立足"发展"和"增长"来讲创新、讲协调、讲绿色、讲开放、讲共享,防止脱离国情、不惜代价的"跃进式"的创新、"齐步走式"的协调、"冲锋式"的绿色、"崇洋式"的开放、"杀富济贫式"的共享,一切都要从实际出发、因地制宜、实事求是。我们不要再以 GDP 论英雄,但绝不是不要 GDP,必要的经济增长速度是保持优势并全面建成小康社会国家的必要条件。因此,努力"做大做好蛋糕"还是第一要务。

推进经济高质量发展的主要路径与重要抓手

第一,建设现代化经济体系。习近平总书记指出:"推进高质量发展,就要建立现代化经济体系,这是我国发展的战略目标。""国家强,经济体系必强。只有形成现代化经济体系,才能更好顺应现代化发展潮流和赢得国际竞争主动,也才能为其他领域现代化提供有力支撑。"因此,要建设"创新引领、协同发展"的产业体系,实现实体经济、科技创新、现代金融、人力资源协同发展。要建设"统一开放、竞争有序"的市场体系,实现市场准入畅通、市场开放有序、市场竞争充分、市场秩序规范,加快形成企业自主经营公平竞争、消费者自由选择自主消费、商品和要素自由流动平等交换的现代市场体系。要建设"体现效率、促进公平"的收入分配体系,实现收入分配合理、社会公平正义、全体人民共同富裕,推进基本公共服务均等化,逐步缩小收入分配差距。要建设"彰显优势、协调联动"的城乡区域发展体系,实现区域良性互动、城乡融合发展、陆海统筹整体优化,培育和发挥区域比较优势，加强区域优势互补，塑造区域协调发展新格局。要建设"资源节约、环境友好"的绿色发展体系，实现绿色循环低碳发展、人与自然和谐共生，形成人与自然和谐发展的现代化建设新格局。要建设"多元平衡、安全高效"的全面开放体系，发展更高层次开放型经济，推动开放朝着优化结构、拓展深度、提高效益方向转变。要建设"充分发挥市场作用、更好发挥政府作用"的经济体制，实现市场机制有效、微观主体有活力、宏观调控有度，从而形成让各种创造财富的源泉充分涌流和让"国企敢干、民企敢闯、外资敢投"的高水平市场经济制度环境。

第二，构建新发展格局。习近平总书记指出："贯彻新发展理念，必然要求构建新发展格局，这是历史逻辑和现实逻辑共同作用使然。"经济活动需要各种生产要素的组合在生产、分配、流通、消费各环节有机衔接，从而实现循环流转。在正常情况下，如果经济循环顺畅，物质产品会增加，社会财富会积聚，人民福祉会增进，国家实力会增强，从而形成一个螺旋式上升的发展过程。构建新发展格局的关键，在于经济循环的畅通无阻；构建新发展格局最本质的特征，是实现高水平的自立自强。

第三，统筹好供给侧结构性改革与需求侧管理。供给侧结构性改革是实现经济高质量发展的重要抓手，也是建设现代化经济体系和构建新发展格局的主要措施。实现经济高质量发展，必须坚持以深化供给侧结构性改革为主线，用改革的办法深入推进"三去一降一补"，提高供给结构适应性和灵活性，使经济供给体系更好地适应需求结构变化。同时，要以实施需求侧管理为重要抓手，实施扩大内需战略，充分发挥我国超大规模市场优势，尤其要加强现代流通体系建设，着力打通生产、分配、流通、消费各个环节堵点，优化需求结构，引导和创造新的需求，形成释放内需潜力的可持续动力，实现更高水平的供需动态平衡。

第四，实施好创新驱动发展战略，解决"卡脖子"问题。创新作为推动发展的第一动力，不仅是建设现代化经济体系和构建新发展格局的战略支撑，而且是实现经济高质量发展的根本手段。因此，要全面加强对科技创新的部署，集合优势资源，有力有序推进创新攻关的"揭榜挂帅"体制机制，加快突破重要领域"卡脖子"技术，加强创新链和产业链对接，推动产业链供应链优化升级。要深化科技体制改革，建立以企业为主体、市场为导向、产学研深度融合的技术创新体系，加大政府研发投入，加强对中小企业创新的支持，促进科技成果转化。尤其要培养造就一大批具有国际水平的战略科技人才、科技领军人才、青年科技人才和高水平创新团队。

第五，实施好区域城乡协调发展战略，加快乡村振兴。区域城乡协调发展是实现经济高质量发展的空间载体。因此，要建立更加有效的区域协调发展新机制，要强化举措推进西部大开发形成新格局，深化改革加快东北等老工业基地振兴，发挥优势推动中部地区崛起，创新引领率先实现东部地区优化发展。要以城市群为主体构建大中小城市和小城镇协调发展的城镇格局，加快农业转移人口市民化。要以共抓大保护、不搞大开发为导向推动长江经济带和黄河流域高质量发展。尤其要支持资源型地区经济转型发展，加快边疆发展，确保边疆巩固、边境安全。尤其要下好乡村振兴这盘大棋，加快推进农业农村现代化，确保国家粮食安全。

第六，实施好"碳达峰"和"碳中和"战略，推动经济绿色转型。

"双碳"目标的提出，既是对全球可持续发展进程的有力推动，也是着力破解资源环境对我国可持续发展的制约，推动经济社会发展建立在资源高效利用和绿色低碳发展基础之上，所必须迈出的决定性步伐。但是，实现"双碳"目标不可能一蹴而就，既要积极有为，更要有节奏有步骤稳妥推进。要考虑我国能源结构以化石能源为主，而且各地的资源禀赋、发展水平、战略定位和控排潜力不尽相同，不能一味搞"一刀切"，要促使各地科学制定"双碳"行动方案，以达到在全国层面如期实现"双碳"目标。

第七，构建高水平对外开放新格局，充分用足"两种资源、两个市场"。所谓高水平对外开放，就是指要实现国内规则与国际规则的有效衔接，从注重商品和要素流动型开放向规则、规制、管理、标准等制度型开放转变，有效提升我国对外开放的系统性、整体性、协同性。"制度型"高水平对外开放是畅通社会再生产过程，实现经济高质量发展的必由之路。从生产看，通过对外开放，可以引入高端生产要素和短缺资源，弥补国内生产所需，推动技术进步，提高全要素生产率。从分配看，通过对外开放，可以加速我国新型工业化、城镇化进程，提供就业，提高收入，既有利于做大"蛋糕"，又有利于分好"蛋糕"。从流通看，通过对外开放，可以促进效率提升，解决内部循环不畅等问题。从消费看，通过对外开放，可以增加优质供给，助推国内消费升级，更好满足人民美好生活需要。

第十三讲

怎样以任务牵引推动文化产业高质量发展

高宏存

党的二十大报告提出要"以中国式现代化全面推进中华民族伟大复兴"，中国式现代化是中国共产党领导下，兼具各国现代化特征和中国特色、人口规模巨大、全体人民共同富裕、物质文明与精神文明相协调、人与自然和谐共生、走和平发展道路的现代化。中国式现代化是一个系统工程，涉及强国战略全局和经济、政治、文化、社会等方方面面，作为文化建设重要内容的文化产业，是推动中国式现代化进程顺利开展的重要力量。

一、中国式现代化离不开文化引领

中国式现代化是社会主义的现代化，要始终坚持先进文化的引领，马克思主义中国化时代化创新成果、中华优秀传统文化都是中华民族复兴进程中的宝贵动力源泉和文化源泉，是引领现代化历史进程的坚定精神力量，文化产业发展担负着向社会提供丰富多样的优质文化内容和文化产品的重任。党的二十大报告把"丰富人民精神世界"作为中国式现代化文化建设的核心目标，把"人民精神文化生活更加丰富"作为未来五年文化领域的主要目标和中心任务，这些新思路、新提法都为高质量推动文化产业发展指明了方向。文化产品和服务的生产供给，就要坚持以人民为中心的根本原则，利用市场机制，推动包括传统公益性文化事业单位在内的多元文化主体，共同提供丰富多样的文化产品和服务。这既满足了人民美好生活的精神文化需求，激发文化消费潜能，也能够更加深入地推动文化发展领域以国内大循环为主体、国内国际双循环相互促进的新发展格局构建。现如今各大博物馆依托馆藏文物推出诸如新设计创意的盲盒等文创产品，借助科技手段支撑打造虚实相生的视频节目，古今呼应的时尚化叙事性实景演出等不同文化产品服务、新文化体验场景，正成为公益性文化机构发挥创新能力，创意转化文化资源的典型表现。以抖音、B 站、腾讯等为代表的平台型高科技文化企业，根据不同文化消费群体的需求，尤其是呼应"Z 世代"年轻文化消费群体的需求，提供多元化、潮流性网生文化产品和服务，极大丰富了社会精神文化生活选择。无论是公益性文化机构、还是创新性文化科技企业，文化生产都必须始终坚持先进文化引领，只有实现社会效益与经济效益相统一、文化价值和市场价值相统一的优质文化产品和服务，才能够有助于实现丰富人们精神文化世界的目标。多样化的文化产品体系，不仅可以为人们更好地安排闲暇时间，丰富社会群体休闲娱乐生活，还可以实现增强人民精神力量这个核心价值选择。无论文化形式形态如何多样化，只有那些蕴蓄社会主义核心价值的文化产品和服务，才能够更好地培育主流文化价值理念，才能够有助于实现守正创新，在创造性转化、创新性发展中创造推动中国式现代化行稳致远的当代先进文化。

二、中国式现代化高质量发展需要文化发展

高质量发展是中国式现代化的第一要务，经济结构的调整和优化是高质量发展的重要组成部分，文化产业发展是经济结构优化升级的重要手段，相应地也是推动中国式现代化高质量发展的重要支撑。近年来，我国文化产业发展保持了持续增长状态，从 2016 年至 2020 年，文化产业增加值占 GDP 比重一直保持在 4% 左右，2020 年尽管受到新冠肺炎疫情的不利影响，但文化产业增加值占 GDP 比重依然稳定在 4.43%，未来文化产业增加值占 GDP 比重将会进一步提升，成为影响优化国民经济健康发展的重要支柱型产业。同时，除了总量增加，文化产业本身结构的优化也为高质量发展创造了条件。文化产业的重要领域——文化服务业一直保持增长态势，文化服务业增加值占文化产业增加值比重从 2012 年的 53.3% 增加到 2020 年的 64.2%，其中，以文化传播渠道（文化信息传输）、创意设计服务（文化创意和设计服务）以及文化辅助生产（文化产品生产的辅助生产）等为代表的文化生产性服务业呈现快速增长态势，加速了经济整体性转型升级的进程。文化服务业的不断发展，推动我国由以产业链低端制造为主向以产业链高端创造为主转变，而由工业型经济结构向服务型经济结构转变，也直接推动对外贸易结构和增长质量不断优化，产品贸易国际竞争力不断增强，经济内外一体优化发展，为中国式现代化迈向更高发展阶段提供了坚实基础和有力支撑。当代国际竞争中不仅经济结构是重要因素，价值观、文化和历史都是国家竞争优势的重要资源，文化和文化产业的带动作用也往往作为文化强国建设的重要衡量指标，随

着中国式现代化历史进程的不断推进，高质量推动文化产业发展是题中应有之义。

三、实现共同富裕离不开文化产业这一支撑

中国式现代化是全体人民共同富裕的现代化，物质文明和精神文明必须协同实现。党的二十大报告指出，"没有坚实的物质技术基础，就不可能全面建成社会主义现代化强国"，强大物质技术基础是迈向社会主义现代化强国的最基础性保障。大力推动文化产业发展，不仅能够满足人民精神文化需求，实现精神生活共同富裕，而且产业发展本身可以成为吸纳"灵活"就业、创造富裕生活的重要途径，特别是随着中国社会数字化转型的加深，数字经济发展给许多年轻社会群体提供了创业型就业的新途径、新场景，新就业群体正成为年轻群体不断追逐的新浪潮。经济社会发展不断催生文化新业态，传统文化业态与新型文化业态形成了庞大的创新系统，为不同的市场主体，尤其是中小微文化企业，提供多样的、崭新的创造财富价值的机会和途径，作为拉动经济增长的新兴产业，文化产业吸纳就业能力持续增强。根据第四次全国经济普查最新数据，我国共有文化产业法人单位210.3万个，占全部二、三产业法人单位的9.7%，从市场主体构成来看，90%以上的文化企业是小微文化企业。经营性文化产业单位是推动我国文化发展的主体力量且增长强劲，吸纳了2789.3万人就业，大有持续增强之势。中小微文化企业广泛分布于文化市场的各个领域，文化产业的创新发展为它们提供了广阔的平台和载体，通过鼓励、引导和支持不同类型的中小微文化企业与时俱进、创新突破，极大激发了社会发展活力，更好地解决就业问题，推动社会阶段性跃迁，为共同富

裕贡献文化产业的力量。城乡一体化发展中文化产业赋能乡村振兴，通过激活传统乡村旅游、非遗技艺、创意农产品等文化资源的多元价值，推动乡村因地制宜，发挥地方特色，在地转化乡村特色文化资源，推动乡村传统生产方式、经济结构转变，促进精致农业、创意旅游等新型文化业态发展，成为农村居民持续增收的新型产业形态和途径。新型乡村特色农产品、短途旅游等文化产品和服务满足了城市居民情感消费、精神消费的需求，创造出更多文化消费空间，激发了文化消费的潜力。而乡村社会特色文化产业发展推动了当地城镇化的实现，也逐步缩小了城乡差距，城乡一体化协同化发展基础更为扎实，共同富裕的目标在一步步接近。因此，无论是对于新经济领域的新就业群体和新阶层，还是城乡区域协同发展中的后发展地区，文化产业赋能体系完全可以成为推动共同富裕的便利平台和实现途径。

四、中国式现代化全面提升发展需要文化产业作保障

中国式现代化必然是全面的现代化，文化产业发展是带动经济、政治、社会和生态等其他领域发展，解决结构性不平衡、区域性不均衡等多种问题的重要途径，是协调物质文明与精神文明协同发展的重要手段，又是提升综合国力，扩大国际影响力的重要内容。随着全球化、信息化的深入发展，文化的综合带动作用、引领力、辐射力将进一步凸显。国际视野中，拥有国际影响力的文化企业和文化产业集群是国家综合国力的象征，也是国际文化软实力的重要体现。比如我国近些年培育成长了一批具有国际影响力的高科技文化旗舰企业、独角兽企业，正成为我国数字内容产业国际竞争的主要代表。短视频平台TikTok、B站，网络文学平台企业阅文集团，网络游戏《原神》《剑

与远征》《万国觉醒》等都是依托代表中国文化的文化企业和文化产品，是实现了文化国际化传播并获得良好反响的典范。其中，国产游戏《原神》的海外成绩表现尤为抢眼，自 2020 年 9 月上线以来至 2022 年 5 月在海外 App Store 和 Google Play 中的总收入超 30 亿美元，自上线以来平均每半年收入就有 10 亿美元，海外收入占比约为 70%。Sensor Tower 的数据显示，2022 年 1—4 月国产手游海外收入榜中，《原神》海外营收稳定蝉联冠军。在全面推进现代化发展的过程中，必须努力培育更多具有国际竞争力影响力的文化企业，打造更多具有中华文化特色的文化产品，讲好中国故事，助力中国文化的国际传播，向世界展现可信可爱可敬的中国形象。

五、文化产业发展是筑牢生态文明建设的生动实践

党的二十大报告明确提出，追求人和自然的和谐共生是中国式现代化的本质特征之一，这深刻体现了中国共产党人胸怀天下，努力在建设现代化强国进程中回应全球性问题，开启人类文明新的路径和发展方向，为重塑世界文明贡献一个文明型国家的方案与智慧。

中国共产党是为中国人民谋幸福、为中华民族谋复兴的党，也是为人类谋进步、为世界谋大同的党。毫无疑问，中国式现代化作为社会主义现代化实践过程，把人与自然协同作为重要特征，内在性地超越了资本主义现代化的发展模式，也在理论上超越了资本主义现代化的话语方式，为人类建立一种新的发展模式和现代化路径提供了新的选择，进一步彰显了中国共产党领导的社会主义现代化的巨大生命力，提出"人类命运共同体""人与自然生命共同体"等先进理念，正是中国式现代化的中国主张、中国方案和世界宣言。以往现代化发展模

式，为西方资本主义国家推动，历经两百多年的发展积累，带动了世界生产力的极大飞跃，创造了人类文明的辉煌，但却存在自身无法解决的内在矛盾，社会贫富分化严重，人对自然资源的掠夺与过度开发导致发展与环境紧张冲突，发展过程中的殖民、掠夺、屠杀、强权等野蛮行为给世界和殖民地人民带去了深重的历史灾难。资本中心的发展逻辑产生了社会过度物质化、族群分化、精神极端化等持续紧张问题，如同魔咒如影随形伴随着资本主义国家发展进程。中国式现代化追求人与自然和谐共生发展的主张理念，体现了马克思主义使命型政党胸怀天下，推动建设更加美好的世界的扎实努力和积极实践，中国生态文明建设的世界承诺和具体行动，为解决全球气候变化挑战，为共同应对发展中的环境压力，为世界可持续发展作出了彰显中国力量和中国榜样的生动演绎。

中国式现代化是"绿色"发展、"可持续发展"的现代化，是将生态文明价值融入到全局发展过程的现代化，在进入信息文明发展进程的时空语境里探索一种新的人类文明形态创造路向，其实这种思想也是具有深厚文化价值传统和哲学观的中国思想的当代转化，中国传统哲学观强调天人合一、物我合一，恰恰就是努力追求一种物我融合和谐的境界，生态文明建设就是一种在文化传承中的新的转化创造。文化产业是一种能够很好地践行绿色发展、低碳发展的新型产业，更应该以新发展理念，在凸显人类精神和情感消费的需求中，创造一种低碳、生态、绿色的生产方式、生活方式、发展消费理念。特别是人类社会进入信息文明发展阶段，生产力的进步发展，除了传统的土地、劳动力、资本等生产资料之外，知识信息、技术、管理等要素影响越来越大，而无论是传统形态文化产业还是新型数字创意产业等各种数字文化新业态,最重要和最具有竞争力的要素是创意人才(人力资本)、数据等新的生产要素,因此发展文化产业就是一种符合新发展理念的新经济。当然,生态文明思想在文化领域的实践,不仅关乎"加快发展方式绿色转型",实际上要体现在文化产业全生产过程、全产业链条中。倡导一种更健康、更可持续的文化消费理念、文化行为、生活方式等等,都应该是落实和践行生态文明思想在文化产业发展中的重要内容。中国现代化发展的绿色实践,必然超越了西方国家现代化的老路,现代化新路径的拓展终将为人类现代化模式提供一个文明大国的新选择。

总之,中国式现代化离不开文化产业的创新发展,文化产业为人民群众提供优质多样的文化产品和服务,满足人民越来越高质量的精神文化需求;文化产业的发展推动中国经济结构的优化和转型,促进中国式现代化实现高质量发展;文化产业的特色化、专业化、生态化、创新性为激活社会发展活力、解决区域差异、实现共同富裕提供了可能;文化产业也为实现各领域协同,提升国际文化竞争力创造前所未有的新条件。

第十四讲

如何以乡村振兴促进共同富裕

张 青 郭雅媛

党的二十大报告明确概括了中国式现代化5个方面的中国特色，也就是5个重要特征，其中一个是："中国式现代化是全体人民共同富裕的现代化。共同富裕是中国特色社会主义的本质要求，也是一个长期的历史过程。我们坚持把实现人民对美好生活的向往作为现代化建设的出发点和落脚点，着力维护和促进社会公平正义，着力促进全体人民共同富裕，坚决防止两极分化。"这既是理论概括，也是实践要求，为共同富裕这一长期奋斗目标注入了新的时代内涵。乡村振兴是新时代我国"三农"发展的重要战略，是实现全体农民共同富裕的必然要求，以乡村振兴促进共同富裕，对于实现农业农村现代化，破解城乡经济二元结构，促进农民实现物质生活和精神生活的共同富裕，具有重要意义。

以乡村振兴扎实推进共同富裕的逻辑内涵及重要意义

农村地区是我国全面建设社会主义现代化强国的短板，但也是最具潜力和后劲的地区，是推动高质量发展的动力支撑。而乡村振兴是促进全体农民共同富裕的战略支持，是实现农业高质高效、乡村宜居宜业、农民富裕富足的必经之路。

（一）乡村振兴和共同富裕的科学内涵

解决好"三农"问题始终是全党工作的重中之重，全面建设社会主义现代化国家，最艰巨最繁重的任务仍然在农村。党的十八大以来，我国实现了现行标准下近 1 亿农村贫困人口全部脱贫和 832 个贫困县全部摘帽，提前十年完成了联合国减贫目标。庆祝中国共产党成立一百周年之际，我们实现了第一个百年奋斗目标，在中华大地上全面建成了小康社会，历史性地解决了绝对贫困问题。党的二十大作出了全面推进乡村振兴的重要战略部署，要求坚持农业农村优先发展，坚持城乡融合发展；加快建设农业强国，扎实推动乡村产业、人才、文化、生态、组织振兴；牢牢守住 18 亿亩耕地红线，确保中国人的饭碗牢牢端在自己手中；发展乡村特色产业，拓宽农民增收致富渠道；巩固拓展脱贫攻坚成果，增强脱贫地区和脱贫群众内生发展动力；建设宜居宜业和美乡村；巩固和完善农村基本经营制度；等等。实施乡村振兴是新时代农业农村发展的客观要求，是推动农业供给侧结构性改革、构建农业现代化体系、实现农业农村现代化、促进城乡一体化发展，并最终实现共同富裕的必然选择。

共同富裕深刻贯彻了新发展理念的共享发展内涵，并体现在以乡村振兴促进共同富裕之中。第一，共同富裕是全民富裕。共同富裕不是少数人、少数区域的富裕，而是包括农民在内的全体人民共同富裕，迈向共同富裕的道路上不能落下农民农村，消除城乡分配不公、两极分化和贫富差距任重道远。第二，共同富裕是全面富裕。共同富裕具有全面丰富的内涵，农民农村不仅要实现物质生活富裕，还要实现精神生活富裕，要注重物质文明、精神文明、生态文明的有机统一。第三，共同富裕是共建富裕。共同富裕要靠勤劳智慧来创造，以全民共建实现全民富裕，离不开农民作为农村产业发展的主体力量。第四，共同富裕是渐进富裕。共同富裕不是同等富裕、同时富裕，不同区域、不同个体实现共同富裕的道路都是逐步推进的。共同富裕是一个从低级到高级、从不均衡到均衡的螺旋式上升过程。

（二）乡村振兴和共同富裕的基本关系

乡村振兴和共同富裕是辩证统一关系，两者虽然内涵机理有差别，但都是社会主义现代化的目标，是我国贯彻落实以人民为中心发展思想的重要体现。

1. 乡村振兴和共同富裕统一于以人民为中心的发展思想

中国共产党人始终坚持初心和使命，秉承全心全意为人民服务的宗旨，一切从人民的利益出发，提高农民收入、促进农民共同富裕是贯穿我国"三农"发展的根本宗旨。广大农民是乡村振兴的主体，以农民利益为根本利益，促进全体农民全面发展，符合中国共产党的人民观要求。乡村振兴以维护农民群众根本利益、促进农民共同富裕作为出发点和落脚点，在持续提升农民收入的同时完善农村基础设施和公共服务建设，在实现农民物质富裕的同时实现其精神富裕，切实提高农民的获得感、幸福感、安全感。

2. 乡村振兴和共同富裕统一于建设社会主义现代化强国的百年奋斗目标

我国要实现共同富裕，关键是要建成社会主义现代化强国。国家现代化离不开农业农村现代化，通过实现农业农村现代化推进共同富裕，是以乡村振兴促进共同富裕的主线。农业农村现代化所要企及的最终目标也是共同富裕。[1] 我国农业农村现代化与共同富裕目标统筹规划，同步推进，到 2035 年"乡村振兴取得决定性进展，农业农村现代化基本实现"；到 2050 年"乡村全面振兴，农业强、农村美、农民富全面实现"[2]。"十四五"规划则进一步明确了 2035 年要实现"全体人民共同富裕取得更为明显的实质性进展"，"脱贫攻坚成果巩固拓展，乡村振兴战略全面推进，全体人民共同富裕迈出坚实步伐"[3]。2021 年 12 月，国务院印发的《"十四五"推进农业农村现代化规划》中又补充了"到 2025 年要实现农业基础更加稳固、乡村振兴战略全面推进、农业农村现代化取得重要进展、梯次推进有条件的地区率先基本实现农业农村现代化"的目标。新时代加强数字乡村建设，以高质量农产品的需求倒逼农业供给侧结构性改革不断深化，推动农业生产力不断提高，保障了农业基础逐步稳固和高质量农产品持续供给，这是农业农村迈向现代化的新特征。此外，以乡村振兴推进城乡一体化发展，以组织振兴提升乡村治理能力和治理体系现代化水平，也是国家治理能力和治理体系现代化的重要体现。

---

1 王春光：《迈向共同富裕——农业农村现代化实践行动和路径的社会学思考》，《社会学研究》，2021 年第 2 期，第 29—45 页。

2 《中共中央国务院关于实施乡村振兴战略的意见》，《人民日报》2018 年 2 月 5 日。

3 《中华人民共和国国民经济和社会发展第十四个五年规划和 2035 年远景目标纲要》，北京：人民出版社，2021 年，第 9—10 页。

（三）乡村振兴是扎实推进共同富裕的必经之路

乡村振兴是站在与脱贫攻坚有机衔接的新历史方位上推进共同富裕的重大发展战略，为维护经济社会稳定发展、实现农业农村现代化提供了重要保障，是农民农村实现共同富裕的必要过程。

1. 乡村振兴立足"三农"发展的重要历史方位，是扎实推进共同富裕的必由之路

共同富裕是乡村振兴的终极目标，乡村振兴是实现共同富裕的必要历史过程，推动经济社会发展归根结底是要实现全体人民共同富裕。共同富裕是中国共产党百年来的目标追求。我国农业农村对于共同富裕的探索经历了土地革命战争时期的"打土豪分田地"、社会主义革命和建设时期的农业生产合作社、改革开放时期的家庭联产承包责任制、新时代的脱贫攻坚等一系列改革和减贫的发展历程，为新发展阶段实现共同富裕奠定了坚实基础。共同富裕是全体人民的富裕，然而农业农村发展是我国经济社会发展的短板，农民群众在我国低收入群体中占比较大，实现共同富裕最艰巨最繁重的任务在农村。脱贫攻坚和乡村振兴虽然是我国处于不同历史方位上的两个重大战略决策，但都是要实现共同富裕。

2. 农业农村是我国经济社会发展的稳定器，为扎实推进共同富裕提供了基础保证

共同富裕的逐步实现有赖于经济社会的稳定发展，农业农村长期以来都是我国经济社会发展的稳定器。一方面，乡村振兴对于保障粮食安全意义重大。"一个国家只有立足粮食基本自给，才能掌握粮食安全主动权，进而才能掌控经济社会发展这个大局。"[4] 粮食安全位于

---

4 《十八大以来重要文献选编》（上），北京：中央文献出版社，2014 年，第 661 页。

国家安全之首，严守 18 亿亩耕地红线，加大对粮食主产区的支持，稳住农业基本盘，做好粮食和农副产品的供给保障，并且将农业供给从增量逐步过渡到提质，不仅能够提升农业发展水平，还能够为扎实推进共同富裕创造安全稳定的环境。另一方面，农业农村承接了农村劳动力的回流，利用农村集体建设用地等资源发展集体经济也能够为广大农民提供就业和增收保障，对维护社会经济的稳定发展、保障共同富裕如期实现起到了至关重要的作用。

3. 农业农村现代化是现代化强国的重要部分，是扎实推进共同富裕的根本支撑

国家现代化是共同富裕的重要特征和表现，实现农民农村共同富裕是推进农业农村现代化的核心目标。全面推进乡村振兴是走向农业农村现代化的必要途径，与共同富裕的奋斗目标紧密相关。首先，从物质富裕层面来看，乡村振兴有利于加快现代化农业产业体系构建，有利于借助农村党组织领办合作社等平台壮大集体经济，同时提升乡村水、电、气、路、通信等传统基础设施建设水平，并促进乡村 5G 基站建设、大数据、人工智能、数字经济等新型基础设施建设，为缩小城乡居民收入差距和促进城乡居民基本公共服务均等化提供了良好条件。其次，从精神富裕层面来看，在乡村振兴中通过保障农村义务教育和基础教育的提质发展，并加强农民专业技术知识的培训，能够培养高素质人才和高素质农民，进而提升新型农业经营主体的现代化水平。

以乡村振兴促进共同富裕面临的时代挑战

当前我们面临世界百年未有之大变局，内外部发展环境形势严峻，城乡二元经济结构矛盾突出，农业农村现代化发展面临挑战，以巩固提升脱贫成效和加快实施乡村振兴扎实推进共同富裕仍然是一项长期而艰巨的任务。

（一）城乡贫富差距依然显著，不平衡不充分问题突出

当前我国社会的主要矛盾已经转化为人民日益增长的美好生活需要和不平衡不充分的发展之间的矛盾，而城乡发展不平衡、农村地区发展不充分又是其中最突出的问题。消除贫困既是实现共同富裕的手段和方法，也是实现共同富裕的目标。我国城乡二元经济结构长期存在，实现共同富裕，首先要消灭绝对贫困问题，其次要缩小贫富差距。进入新时代，脱贫攻坚战的胜利消除了我国的绝对贫困，但这并不代表贫困问题已经完全解决，2020 年我国城乡居民收入差为 2.56 倍，城乡收入分配差距大、分配结构不平衡的问题仍然突显，相对贫困人口规模依然较大，农民收入水平相对较低、产业发展基础不稳固问题以及返贫风险的存在仍然阻碍着农业农村的发展，大部分农村地区的基础设施和公共服务体系仍不健全，扎实推动共同富裕仍然存在障碍，"解决发展不平衡不充分问题、缩小城乡区域发展差距，实现人的全面发展和全体人民共同富裕，仍然任重道远"[5]。在新型城镇化建设过程中，城市的"虹吸效应"又加重了乡村的"空心化"，资本、人才、技术等生产要素不断向城市集聚，发达地区和高收入群体更容易获得发展机会。此外，乡村地区技术水平较低，捕获技术红利的能力欠缺，加大了城乡收入不平等和基本公共服务资源不均衡现象，城乡之间"数字鸿沟"短期难以消弭。全面建成小康社会只是中国整体迈向全面小康社会的起点，当前农村地区实

---

5 《完整准确全面贯彻新发展理念铸牢中华民族共同体意识》，《人民日报》2021 年 3 月 6 日。

现的全面小康水平仍然较低。[6] 因此，解决好城乡发展"一条腿长、一条腿短"的问题是推动共同富裕的核心问题所在。

（二）农业现代化发展水平低，基础设施建设发展不足

农业是立国之本，是强国之基。城乡发展不平衡、不充分的问题归根结底是生产力发展不充分。我国大部分地区农业现代化发展水平较低，农业机械化率、科技化率水平较低以及高标准农田规模不足，进而导致了高质量农产品供给不足，农业产业发展难以适应快速变化的市场需求。在经济发展由要素驱动型转为创新驱动型的经济环境中，借助新一轮科技革命推动生产力发展尤为重要。同时，我国农村的交通、通信、水利、电力等基础设施建设随着脱贫攻坚的开展获得了明显提升和完善，但仍存在发展不足的问题[7]，尤其是农业基础设施的建设水平不高限制了农业现代化发展水平的提升，影响了社会生产力发展水平。因此，传统基础设施建设在乡村振兴战略的推进中依然占有十分重要的地位，在此基础上还要注重以数字经济为主要特征的新基建，缩小城乡"数字鸿沟"，多层次提高农村基建水平。

（三）外部发展环境极不稳定，推进共同富裕面临冲击

当前我国经济发展同时面临着需求收缩、供给冲击、预期转弱的"三重压力"，面临着多重挑战。世界发展进程正在经历百年未有之大变局，逆全球化思潮涌现，单边主义、保护主义开始抬头，霸权主义、

6　魏后凯：《从全面小康迈向共同富裕的战略选择》，《小康》，2021 年第 7 期，第 22—24 页。

7　陈宗胜、朱琳：《论完善传统基础设施与乡村振兴的关系》，《兰州大学学报》（社会科学版），2021 年第 5 期，第 28—39 页。

强权政治愈演愈烈，同时疫情冲击和局部冲突加剧了全球经济的不稳定性。对此，我国提出了构建双循环新发展格局，着力促进内需潜力的释放，以出口转内需保证经济发展。宏观发展环境的不稳定性同样也对国内农业农村发展带来了冲击。我国农产品的进出口活动关系着经济发展，更关乎国家粮食安全。当前我国主要农产品进口依赖度及对外依存度仍然较高，在外部宏观条件不稳定的背景下，粮食安全问题或将面临冲击，为推进共同富裕增加了不稳定性因素。

以乡村振兴促进共同富裕的路径抉择

（一）坚持中国共产党的领导，以组织振兴促进共同富裕

坚持中国共产党的领导是实现共同富裕的根本保证，坚持中国特色社会主义制度是扎实推进共同富裕的制度保障。中国共产党是领导农村工作的关键力量，我们最大的优势是我国社会主义制度能够集中力量办大事。以乡村振兴扎实推进共同富裕要发挥中国共产党集中统一领导的优势，发挥中国特色社会主义制度的政治优势。要强化"五级书记抓乡村振兴"的工作领导体制。要充分发挥各级党委农村工作领导小组总揽全局、协调各方的领导核心和统筹协调作用，加强党委农村工作机构建设。要加强农村基层党组织建设，选优配强党组织书记，培养政治过硬、本领过硬、作风过硬且全心全意为人民服务的农村基层干部队伍，抓好农村党员作为"领头羊"这一关键群体，激发其责任感、荣誉感和使命感。要加强乡村社会治理，通过健全农村基层党组织领导的自治、法治、德治相结合的乡村治理体系实现乡村组织振兴，进而提升国家治理的整体效能。我国要充分发挥全国一盘棋的制度优势，扎实推进共同富裕。

（二）大力发展乡村产业经济，以产业振兴促进共同富裕

产业振兴是乡村振兴的首要任务，是拉动农村经济增长、促进农民收入提高的重要驱动力。在高质量发展背景下要实现农业大国向农业强国的转变，加快传统农业向现代化农业转型，提高农业经营集约化、专业化、组织化、社会化水平。要做好乡村产业区域布局规划，通过保护耕地红线保障粮食安全，同时发挥各地比较优势，打破城乡要素自由流动的壁垒，吸纳资本、人才、技术、数据信息等资源要素向农村地区流动，打造乡村生产、加工、销售、服务等一系列全产业链集群，通过标准化生产提高农产品质量，降低农业生产成本，形成资源集聚、产业集聚优势，优化乡村产业结构、促进乡村产业提档升级。要持续深化农业供给侧结构性改革，从农业生产端着手，加大农业领域创新力度，加强种业研发培育，增强农业供给体系的适配性，以高质量农副产品激发市场需求，释放农村投资和消费潜力，增强农村经济活力。在此基础上，要注重农业品牌化战略，构建特色农业品牌和现代农业体系，建强和巩固农业产业，增强乡村产业竞争力。要实现小农户和现代农业发展的有机衔接，发展适度规模经营，加快培育家庭农场、农民合作社两类新型农业经营主体，培育新型职业农民，提高农民的生产能力。要以当地资源为依托发展乡村特色产业，开发乡村旅游、农村电商等产业新业态，促成一、二、三产业融合发展，将产业收益让利给农民，以产业振兴促进共同富裕。

（三）正确处理公平和效率的关系，兼顾做大"蛋糕"和分好"蛋糕"

共同富裕既包含对效率具有要求的"富裕"，也包含了对公平具有高要求的"共同"。提升效率有利于做大"蛋糕"，提高整个社会的富裕程度；提升公平有利于分好"蛋糕"，实现全体人民的共同富

裕。效率和公平是衡量经济社会发展的指标，贯穿于生产与分配过程，直接影响着共同富裕的实现，必须正确处理好公平和效率的关系。一方面，做大"蛋糕"是分好"蛋糕"的前提和基础。坚持解放和发展生产力是充分实现共同富裕的根本任务。[8]通过科技和创新的力量提高农业生产力水平是农业生产效率提升的直接表现。种子是农业的"芯片"，加强种质资源保护、提高种业技术自主创新研发力度和种业安全创新投入、提升良种化率，是农业生产力发展的重要推动力。创新将 5G 信息科技等数字化手段运用于高标准农田建设，发展智慧农业，提高农业科技化率、机械化水平，提高现代化农业竞争力，增强农业发展比较优势，建成数字乡村，也是提高农业生产率的必然趋势。另一方面，分好"蛋糕"是公平正义在共同富裕中的集中体现。在以公有制为主的条件下，既要坚持按劳分配为主体，又要发挥按要素分配的激励作用，并提高劳动报酬在初次分配中的比重；同时还要构建科学的公共政策体系，完善对农业和农民的税收政策、财政补贴、转移支付、社会保障等再分配调节机制，优化金融支农政策，促进有效市场和有为政府的结合，平衡好效率和公平的关系，形成人人享有的合理分配格局。在此基础上，要更加重视发展慈善等社会公益事业的第三次分配机制，鼓励企业等微观主体以自愿形式为乡村发展贡献先进的技术要素和生产管理理念及就业岗位。我国要建成"橄榄型"社会分配结构，就要牢牢把握好农民这一群体的发展潜力，保护农民在基本分配制度中的合法经营收入，推动更多农民群体迈入中等收入行列，更加积极有为地促进农民农村共同富裕的实现。

8　魏礼群：《坚定不移走共同富裕道路》，《求是》，2014 年第 15 期，第 21—24 页。

（四）坚持完善基本经济制度，提高农村居民的财产性收入

以乡村振兴促进共同富裕必须充分发挥社会主义基本经济制度优势，坚持"两个毫不动摇"。公有制经济是实现共同富裕最重要的经济支撑，而农村集体经济是公有制经济的重要组成，要充分发挥新型农村集体经济在推进共同富裕中的重要作用。一方面，发展农村集体经济，使农民充分享受资产收益，是实现共同富裕的重要抓手。党支部领办合作社不仅能够提升农村基层党组织的工作能力，增强组织凝聚力，在领导农村工作中把准政治方向，还能发展壮大农村集体经济，盘活农村资源要素，释放农村发展活力，通过入股等方式带领农民增收致富，真正实现资源变资产、资金变股金、农民变股民。此外，通过建立合作社能够促进供产销一体化发展，还能够借助统一规模生产经营降低农民生产成本，提高农民收益，增加农产品竞争力，通过集体力量促进农业农村现代化。另一方面，要始终把提高农民收入摆在以乡村振兴促进共同富裕的突出位置。当前，增加农民财产性收入是实现共同富裕的关键途径。农村土地制度改革是推动农民财富变现和增值、提高农村居民财富保有量和财产性收入的关键。[9] 要巩固和完善农村基本经营制度，做好确权登记工作，并保持土地承包关系稳定且长久不变。要深化农村经济体制改革，推进农村集体产权制度改革，完善农村产权制度和要素市场化配置机制，巩固农村承包地"三权"分置制度，加快探索并审慎推进农村宅基地"三权"分置，完善农村土地制度改革，盘活农村闲置资产，赋予农民更多财产权利，激发农

---

9 刘培林、钱滔、黄先海等：《共同富裕的内涵、实现路径与测度方法》，《管理世界》，
2021 年第 8 期，第 117—129 页。

村资源要素活力，提高农民的财产性收入。高素质劳动者是推进高质量发展的主体，在推进共同富裕进程中提高农民收入、提升人力资本，能够提高农业全要素生产率，夯实高质量发展的动力基础。

（五）巩固拓展脱贫攻坚成果，促进农村全面实现共同富裕

我国贫困地区刚刚脱贫，发展能力和基础较为薄弱，要确保在中央设置的五年过渡期内保障政策的实施。首先，要加强对易返贫致贫人口的动态监测和帮扶，及早干预杜绝规模性返贫和新的致贫，通过持续解决相对贫困问题为共同富裕夯实基础。要强化农村基础设施和公共服务体系建设，进一步缩小城乡居民生活水平和保障待遇差距，补齐农业农村发展短板，巩固脱贫攻坚成效。其次，人才振兴是乡村振兴的关键基础，要高度重视乡村教育的作用，提高精神文明富裕程度。同时，在我国不断推进以人为核心的新型城镇化背景下，要促进城乡要素自由流动，引导农村劳动力实现工农之间的自主选择、自由转换和双向流动，形成"亦工亦农、亦城亦乡"的新发展形态，推动农民职业化发展。通过加强职业技能培训提高农民工竞争力，扩宽农民就业渠道，深化户籍制度改革，解决好农业转移人口随迁子女教育等问题，持续提高农民工的工资性收入。再次，实现乡村文化振兴和生态振兴也是农民农村迈向共同富裕不可或缺的部分。要传承好中华传统的农耕文明，鼓励农村居民勤劳致富，激发人口内生动力，发扬文明乡风、良好家风、淳朴民风，以乡风文明引领精神文明。同时，共同富裕与人的全面发展高度统一，要以社会主义核心价值观为引领，完善公共文化服务体系，建立乡镇综合文化站、村级综合性文化服务中心，提高农村公共产品和公共服务的可及性，满足农村居民多层次、高质量的精神文化需求。此外，要牢牢把握生态文明建设这一根本大

计，贯彻"绿水青山就是金山银山"的思想。建设好山水田园、湖泊林草，是农业农村实现绿色、和谐、可持续发展的前提条件，是实现共同富裕必不可少的部分。在乡村振兴中要让绿色成为普遍形态，发展绿色农业，持续改善农村人居环境，健全生态补偿机制，构建人与自然和谐共生的良好生态环境，致力于农业农村碳达峰与碳中和的实现。

第十五讲

加快推进人与自然和谐共生现代化

赵建军

党的二十大报告强调："中国式现代化的本质要求是：坚持中国共产党领导，坚持中国特色社会主义，实现高质量发展，发展全过程人民民主，丰富人民精神世界，实现全体人民共同富裕，促进人与自然和谐共生，推动构建人类命运共同体，创造人类文明新形态。"从中国式现代化本质最终指向上，创造人类文明新形态可以理解为中国特色社会主义现代化要实现超越西方现代化进程中所形成的工业文明，实现中国特色社会主义生态文明。作为中国生态文明建设的最终目标，实现人与自然和谐共生理应在中国式现代化众多内涵中占有突出的位置，成为中国式现代化的重要本质。

一、人与自然和谐共生：中国式现代化的本质特征

中国式现代化本质中的人与自然和谐共生是马克思主义理论中国化、时代化的鲜明本质特征。在中国式现代化的本质问题的理解上，

要将人与自然和谐共生的现代化提升至标志性特征地位，并从中国式现代化开创不同于西方现代化发展模式的中国道路高度进行理解。

首先，人与自然和谐共生是中国式现代化本质特征与重要方向。党的二十大报告指出，在新中国成立特别是改革开放以来长期探索和实践基础上，经过党的十八大以来在理论和实践上的创新突破，我们党成功推进和拓展了中国式现代化。在中国式现代化的众多内涵之中，人与自然和谐共生的现代化具有突出重要的地位和意义。一方面，人与自然和谐共生的现代化是习近平生态文明思想的重要话语组成，是中国共产党关于人与自然关系问题认识的重大理论创新；另一方面，人与自然关系是人类社会最基本的关系，生态文明建设处在党和国家事业全局工作的突出位置，中国现代化建设的伟大与艰难之处，就在于要摆脱对欧美国家现代化的路径依赖，把生态文明建设放在突出位置，走人与自然和谐共生的现代化道路。中国社会主义事业的布局中经历了从提出建设"四个现代化"，到提出"'两个文明'到'三位一体''四位一体'，再到今天提出的'五位一体'"的变化历程，不仅体现了中国共产党人对中国社会主义现代化建设规律认识的深化，也体现了中国共产党人对人类社会发展规律认识的深化。把生态文明建设置于中国特色社会主义现代化事业的战略地位，其核心就是要求中国的现代化既要朝向共产主义的人的自由全面发展，又应当基于我国生态制约的现实，从根本上解决好人与自然的关系问题，推动人类文明发展的生态转向。以人与自然和谐共生的现代化为重要特征的中国式现代化新道路创造了人类文明新形态，这是中国的伟大成就，也是中国对世界文明的伟大贡献。

其次，中国式现代化推动了马克思主义自然观的中国化与时代化，使人与自然和谐共生成为中国式现代化的特征性本质。中国式现代化作为马克思主义中国化的重要成果，其本质上的人与自然和谐共生是自然观视角上对中国特色社会主义现代化问题作出的社会历史考量。人与自然和谐共生的现代化强调要在中国式现代化过程中承认自然的现在性，即把历史范畴上的社会生产看作是建立在自然界所提供生活的资料和劳动对象，而且也提供精神食粮。作为一种与资本主义发展相区别的社会发展模式，中国式现代化由于强调人与自然的和谐共生，从根本上实现了人与自然关系的复归，因而才能实现物质文明和精神文明相互协调，物质文明建设和生态文明建设同步推进。也就是说，中国式现代化是在实现人与自然和谐共生的过程中才得以实现人类的存在本质。正是由于历史唯物主义中的自然是作为关系的自然，包含着人与人、与任何社会的关系，中国式现代化也才能够在本质上实现人口规模巨大的现代化，是全体人民共同富裕的现代化。所以，中国式现代化中的人与自然关系，既有本体论意义上的内涵，还有人类学以及经济学上的意义，人与自然和谐共生的现代化理应成为中国式现代化的特征性本质。

最后，反映了中国式现代化人与自然和谐共生的价值归宿。资本主义通过大规模工业化迈向现代社会的历史进程表明，西方现代社会基于"主客二分"思维所形成的价值观对科技理性的过分崇拜，忽视了自然的内在价值，形成了资本宰制下的现代化工业文明，人与自然关系的失衡成为资本主义现代性危机的根源。作为中国式现代化的重要内涵，人与自然和谐共生在本质上强调了构建一种新的哲学价值观，在对待人与自然关系中的环境问题时，避免了人类中心主义与生态中心主义观点的冲突，不主张在人类社会发展的过程中对人与自然作价值排序。人与自然和谐共生的价值理念来自于中华传统文化中的"和合"思想，既克服了以笛卡儿为代表的实体哲学，也打破了非此即彼的"二元论"思维，有效解决了中国经济社会发展中的环境问题。特别是以生命共同体为代表的哲学思维，强调了自然万物共同具有的内在价值，将人类的发展与自然的存在协同，在中国的现代化建设中内在地形成了协调自然空间与社会空间物质能量变换的方法论。此外，从人类命运共同体理念将建设绿色家园作为人类的共同梦想，并形成共谋全球生态文明建设之路的全球倡议可以看出，在国家战略层面实现了世界范围内的发展观转变。总的来说，中国的现代化发展通过人与自然的共生实现社会价值与自然的价值共生，形成了以人民为中心的价值驱动，在本质上重新定义了中国式现代化的价值归宿。

二、现代化进程中的生态问题：两种理论的共识与分野

作为一个历史范畴，现代化是一个世界性运动，从工业文明开始到现在已经持续三百多年。作为一个概念，生态现代化首先兴起于 20 世纪 80 年代的德国，由德国学者马丁·耶内克和约瑟夫·胡伯提出。生态现代化是为解决西方工业化、现代化所遭遇的一系列环境问题而提出的理论，涉及经济、政治、文化、技术和社会等诸多领域，在工业文明的大历史尺度上，保持着资本主义制度框架内解决环境问题的生命力。因其有效性，所以其受到了环保主义、生态主义、可持续发展理论等社会思潮的影响，并为后续世界的绿色化发展浪潮提供了经验借鉴。

整体上看，西方生态现代化理论提出现代化过程中的生态问题主要有两大解决路径：一是对经济发展中的环境问题保持技术乐观主义

的现代化态度，并不将其视为资本主义工业化不可避免的后果，而是对社会、经济、技术改革的挑战，试图从经济发展模式的转换中找到出路；二是从现代社会的制度转型寻找解决路径，包括科学和技术、生产和消费、政治和治理。这也成为中国和西方在应对现代化进程中的生态问题形成共识与分野之所在。从共识性来看，对于工业社会发展，中国与西方社会已经形成共识，如环境问题对经济社会发展制约的客观性，现代化前景的乐观性，在理论建构上的反思性，以及理论的实践指向上。这些共识在中国的社会主义现代化建设过程中都以特定的形式得到不同程度的体现，如中国在基本国策上强调环境保护与生态治理，提出作为国家意志与政党理论的科学发展观与"两型"社会构建等，都是在强调转变经济发展模式与环境治理模式，利用科学技术与社会制度从源头上防治环境污染和破坏，找出一条环境和经济双赢的发展路径。特别是党的十八大以来，在经济发展新常态下，如何实现高质量的发展，中国也在发展理念上进行创新，实现了创新、协调、绿色、开放、共享的发展理念，为经济社会绿色发展提供了一个可行的发展方向。

从中国现代化建设的实践中可以看到，20 世纪 80 年代初，西方生态现代化理论的提出正是中国式现代化的起步阶段，学习、借鉴、追赶成为中国式现代化在理论与实践中的主要任务。在中国现代化后发优势的同时，压缩时空的追赶发展也让中国付出了巨大的环境代价，即生态环境问题在经济粗放快速发展过程中集中暴露出来。恰好此时的生态现代化为中国的发展提供了一条"从源头防治生态环境问题"的现代化道路和可供选择的政策手段。从对西方可持续发展理念、新经济模式无保留引进吸收，到创造性提出坚持以人为本、全面协调可持续的发展，建设"资源节约型社会、环境友好型社会"，"协同推进新型工业化、城镇化、信息化、农业现代化和绿色化"也就成了中国现代化发展的历史必然。可以看出，中国的现代化道路是一个从模仿到创新再到超越的过程，中国的现代化理论来源于这个伟大的实践。然而，面对发展过程中的生态问题，西方生态现代化的理论及其路径不可能一直有效，在经历效仿之后，在马克思主义指导下，中国从自身的文化传统形成的基于中国特色社会主义现代化实践的人与自然和谐共生现代化理论，在文化、政治与经济的领域与西方生态现代化理论具有区别，体现出不同文化传统、政治体制之外的中国式现代化的成功之处。

由于在价值理念和思维方式上的差异，中国的现代化理论在应对生态问题上与西方存在本质区别。需要指出的是，西方生态现代化没有触及理性——技术理性本身，是一种相对保守的绿色变革理论，其根本宗旨在于在不触动现存社会制度（尤其是资本主义制度）的前提下，通过革新技术、增强公众的环境意识、改善国家的行政管制与市场经济手段等，以改良现代工业文明，尽可能减少现代化进程中的环境负效应。这种粉饰与修正在现实表现上可能有助于资本主义社会政治制度与生产模式得以一定程度的延续，但资本宰制之下的制度内生矛盾终究无法克服，并引发了资本主义现代社会的多重危机。因此，如何从社会历史环境角度看待技术，如何在经济社会发展与生态环境保护之间做出协同，以及如何认识现代化进程中的政治制度差异，需要新的思维方式与哲学价值观，在内省与辩证之中重新思考人与自然的关系，推动形成不同于西方的现代化理论成为解决问题的关键。而生态文明建设作为中国特色社会主义建设"五位一体"总体布局的重要领域，通过推进生态文明建设走中国式现代化道路，正是理论创新在实践探索中的生动体现。党的二十大报告指出："我们坚持绿水青山就是金山银山的理念，坚持山水林田湖草沙一体化保护和系统治理，生态文明制度体系更加健全，生态环境保护发生历史性、转折性、全局性变化，我们的祖国天更蓝、山更绿、水更清。"正是这种将生态文明建设贯穿于中国特色社会主义现代化建设的各方面与全过程的实践，使中国形成了以人与自然和谐共生为重要理论特质和实践特征的中国式现代化道路。

三、人与自然和谐共生现代化：中国超越西方生态现代化之路

世界百年未有之大变局中，东西方力量对比之变是资本主义与社会主义两种制度在社会发展过程中的较量。环境问题是当前世界各国面对的共同性问题。西方现代化发展模式让资本主义国家生态危机频发，仅靠科学技术应对这种与发展模式、与社会政治紧密关联的共生性问题是远远不够的。因此，回应现代化进程中的生态危机，中国式现代化理应在自身的理论与实践创新中做出哲学观念与价值根基上的变革，在经济社会的发展中调整国家事务的战略谋划，实现对西方生态现代化道路的超越。人与自然和谐共生现代化理论相对于西方生态现代化理论，是中国现代化建设立足于我国自身实际的需要，是马克思主义与中国优秀传统生态智慧的融合，更是社会主义国家发展现代化的鲜明政治优势的体现。在此意义上，中国式现代化通过将人与自然和谐共生作为特征性本质，将生态文明建设作为中国特色社会主义的重要组成，在历史唯物主义与辩证唯物主义的基本立场上对西方现

代社会的发展进行反思，成为超越西方生态现代化的新的发展模式。

首先，人与自然和谐共生现代化汲取了中华文化的传统辩证思维方式，以生态智慧作为滋养，在世界观与方法论上消除了人与自然的对立。如果将现代化理解为从传统迈向现代的社会变迁过程，那么这种变迁不仅是一个全球化进程，更有着民族性的特征。这种变迁是诸多复杂因素作用的结果，如经济、科技、政治、文化等，相对于经常变动且具有显著外在表现的经济和政治因素，文化传统和价值观念等内容相对隐蔽，更具持久性，恰恰是这种更为韧性的要素才使得地方性的现代化进程表现出自身的优越性。"中华民族向来尊重自然、热爱自然，绵延五千多年的中华文明孕育着丰富的生态文化。"反思西方现代化与生态化之间的矛盾，其背后的西方文化价值传统与思维认知方式是生态现代化理论的内生缺陷，而中国传统文化中的"天人之学"的生态模式和文化图景，在价值理念和思维方式上为人与自然和谐共生现代化理论提供了认识论与方法论的优势。中华优秀传统文化中的生态智慧超越了西方工具理性以技术视角看待环境的局限，在工具价值、内在价值与系统价值的多重视野下讨论环境如何能被可持续地利用，思考人类社会发展中与自然的和谐相处，因此也超越了西方的"人类中心主义"与"生态中心主义"传统，表现出一种在哲学层面上的优越性。

其次，马克思主义在中国现代化建设中的指导地位，强调了人与自然和谐共生的价值根基，为人类社会与自然界的协同可持续提供了政治保障。马克思主义是在对象性范畴中把握人与自然的关系的，这种对象性是以主客体的双向运动互为前提的，保证了在人与自然关系的问题上，人是作为自然的对象性存在。对此，马克思指出，人作为一种类存在，和动物一样靠无机界生活，这使得人对于自然的依赖表现为"人是自然的一部分"。如果忽视了人与自然共生的关系，人类社会也就失去了赖以存在的自然环境基础。更进一步，马克思主义强调生产力对于社会发展的决定性作用，而这种物质生产"没有自然界，没有感性的外部世界，工人就什么也不能创造"。可以说，人类社会发展归根结底要处理好人与自然的和谐共生关系。而资本主义制度则破坏了这种共生关系，以牺牲生态换取经济效益的增加，即便生态现代化理论提出的"环境保护同样具有经济价值"，也难以掩盖资本主义制度的反生态本质。同时，马克思主义认为，在社会历史范畴中的人的关系最终也可以还原为人与自然的关系。因而相对于自然的可持续现代化进程，人类才是人类社会实现超越资本主义发展的历史与逻辑必然。也正是在此意义上，马克思主义关于人类社会发展实现现代化的问题是在对资本主义制度的批判基础上提出的。马克思主义强调共产主义社会中的"自由人联合体"中的人与人之间的和谐关系，反映的也是人与自然的和谐共生。而人与自然和谐共生的现代化，在制度上通过扬弃资本主义私有制，实现作为"完成了的人道主义"等于"自然主义"的社会主义。因此，人与自然和谐共生的现代化可以超越西方的生态现代化模式，真正实现人与自然以及人与自身的和解。

最后，中国式现代化是在建设中国特色社会主义伟大实践中不断发展完善而形成的理论成果和经验总结，标志着中国共产党对人类社会发展规律认识的不断深化。习近平总书记指出，中国特色社会主义现代化的重要特征是"人与自然和谐共生的现代化，注重同步推进物质文明建设和生态文明建设"。党的二十大报告也强调，中国式现代化的本质是人与自然和谐共生的现代化。可以说，建设人与自然和谐共生的现代化是在马克思主义指导下，立足于我国的特殊国情逐渐探索和发展起来的中国式现代化，致力于推动从工业文明到生态文明的范式转换。中国式现代化就是一个不断解放和发展生产力、促进经济社会向先进文明迈进的过程。从新中国成立初期"四个现代化"目标的提出，到现代化发展的"三步走"战略，再到"五位一体"总体布局的提出，特别是"两个一百年"奋斗目标的制定，党和国家事业的战略规划不断完善发展，中国特色社会主义现代化的发展通过人与自然和谐共生实现的是经济社会发展在生产力上的优势，实现了全体人民在物质财富和精神财富上的共同富裕。现代化是人类社会不断迈向文明的历史进程，其内在动力是生产力与生产关系的矛盾运动。改革开放后一个时期内，我们形成过传统单一追求速度外加规模扩大的粗放型增长模式和发展模式，尽管带来了高速的经济增长，但也积累了严重的环境问题。生态文明作为"五位一体"总体布局的重要组成部分，表明了中国共产党对中国特色社会主义建设规律认识的进一步深化，也表明了我们所形成的中国式现代化必然是要协调经济发展与环境保护，因而人与自然和谐共生的现代化已经不仅仅是中国式现代化的内涵，更是中国式现代化的本质特征，也是中国式现代化所要达到的最终状态。随着中国特色社会主义进入新时代，在习近平生态文明思想的指引下，中国共产党人从文明的高度看待人与自然关系问题，探索出人与自然和谐共生的现代化道路，使中国实现了全面小康，历史性地消灭了现行标准下的绝对贫困问题，中国经济呈现持续向好的高质量发展势头。可以说，人与自然和谐共生的内涵，揭示了中国式现代化的强大生命力。

历史条件的多样性决定了各国选择发展道路的多样性。以生态文明建设推进中国式现代化实现社会与自然界永续发展的过程，也就是以中国式现代化推进实现人与自然和谐共生现代化的过程。中国式现代化道路是一个不断探索和完善的过程，从效仿西方到实践创新，中国的现代化道路已经实现用经济、政治、文化、社会和生态多重发展超越西方资本主义的单一工业化发展。特别是人与自然和谐共生现代化，有效回避了西方现代化模式因制度缺陷带来的反生态问题，因而表现出历史与逻辑上的合理与科学。随着全面建成小康社会、开启全面建设社会主义现代化国家新征程，坚定不移地走中国式现代化道路，归根结底要实现的是人与自然关系上的和解，实现自由全面发展，最终指向现代化发展成果的人民共享与世界贡献，成为中国化与时代化的马克思主义。

第十六讲

怎样才能筑牢中国式现代化的法治根基

金成波

习近平总书记在党的二十大报告中指出，"以中国式现代化全面推进中华民族伟大复兴"，"必须更好发挥法治固根本、稳预期、利长远的保障作用，在法治轨道上全面建设社会主义现代化国家"。我们党将现代化建设的普遍规律与我国社会主义初级阶段的基本国情相结合，创造性地开辟了中国式现代化新道路。法治作为现代化治理的基本方式，必须为筑牢中国式现代化根基提供基本保障。

中国式现代化是极具中国特色的现代化

现代化是经济社会转型和文明进步的过程，是指一个国家在经济社会发展到一定阶段和一定水平后，从传统社会向现代社会转向，未来还会转向更加先进的社会形态。现代化是各个国家追求繁荣富强的内在要求。然而，一个国家实现现代化的具体道路不能照抄照搬他国，必须基于自身历史和现实进行自主探索。1960年，毛泽东提出建设社会主义要实现工业现代化、农业现代化、科学文化现代化和国防现代化，第一次较为完整地表述"四个现代化"。"四个现代化"理论激起全国人民建设祖国的昂扬斗志，开辟了中国的社会主义工业化道路。改革开放初期，邓小平总结社会主义建设时期经验教训，明确指出，"我们搞的现代化，是中国式的现代化"，旗帜鲜明地提出"走中国特色社会主义道路"的重大命题。进入新时代，中国共产党不断实现理论和实践的创新突破，成功推进和拓展了中国式现代化。习近平总书记在党的二十大报告中指出，正是中国人民在新中国成立特别是改革开放和十八大以来长期探索和实践的基础上，才成功推进和拓展了中国式现代化道路。中国式现代化，是中国共产党领导的社会主义现代化，既有各国现代化的共同特征，更有基于自己国情的中国特色。中国式现代化描绘出的是一个与时俱进、创新变革、顺应时代的动态演进过程。立足新时代，深入推进中国式现代化必须要实现国家制度现代化，聚焦国家制度与国家法律等现代治理要素，实现治理效能由单一向多元、由低级向高级、由平面向立体的转变。

法治是实现中国式现代化的制度根基

历史与实践充分证明，中国式现代化是中国特色的政治文明发展的过程，是实现中华民族伟大复兴的必经阶段。法律制度作为现代治理要素的重要组成部分，对调整国家治理现代化过程中涉及的国家政治权力与公民主体权利间的关系起到至关重要的作用。开启新征程，应对社会主要矛盾变化，满足人民群众对民主、法治、公平、正义、安全、环境等日益增长的要求，提高人民生活品质，促进共同富裕，都对法治建设提出了新的更高要求。改革开放以来，从"中国特色社会主义法律体系"到"中国特色社会主义法治体系"，从"法制现代化"到"法治现代化"，法治在推进国家治理体系和治理能力现代化进程中的作用日益凸显。法治在深入推进中国式现代化进程中发挥着引领、规范和保障作用，有效促进了制度与治理的有机统一，实现了国家制度和国家治理体系的系统集成。总的来说，法治是全面建设社会主义现代化国家的重要保障，法治化是深入推进中国式现代化的关键路径。必须充分发挥法治在推进国家治理体系和治理能力现代化中的重要作用，以法治现代化筑牢中国式现代化的制度根基。

坚定不移在法治轨道上全面建设社会主义现代化国家

全面依法治国是国家治理的一场深刻革命，关系党执政兴国，关系人民幸福安康，关系党和国家长治久安。全面依法治国战略布局下，法治必须在推进中国式现代化进程中找准定位、明确目标、发挥效用，重点要在以下几个方面下功夫：

一是要坚持党的领导的根本方向。党的二十大郑重宣示，"中国式现代化，是中国共产党领导的社会主义现代化"，将"坚持中国共产党领导"作为中国式现代化的首个本质要求。中国共产党建立以来，团结带领中国人民所进行的一切奋斗，就是为了把我国建设成为现代化强国，实现中华民族伟大复兴。坚持党的领导，是中国式现代化最本质的特征和最大优势；坚持党的领导，是在新征程上加快推进全面依法治国的必然要求和根本保证；坚持党的领导，是党和国家的根本所在、命脉所在，是全国人民的利益所系、幸福所系。在实现中国式现代化新征程上，要进一步完善坚定维护党中央权威和集中统一领导的各项制度，推进党的领导入法入规，进一步完善保障党的领导的制度体系和法治体系，完善全面从严治党体系，推进党的领导制度化、法治化，把党的领导有效落实到国家治理各领域各方面各环节。

二是要坚守人民主体地位的根本立场。习近平总书记深刻指出，现代化的本质是人的现代化。"一路走来，我们紧紧依靠人民交出了一份又一份载入史册的答卷。面向未来，我们仍然要依靠人民创造新的历史伟业。"党的二十大报告强调，中国式现代化，是人口规模巨大的现代化，是全体人民共同富裕的现代化。我国是人口超级大国，实现现代化的深度、广度和难度都是人类历史上前所未有的，也是西方国家所不敢想象和难以企及的，必须坚持一切为了人民、一切依靠人民，充分发挥亿万人民的创造力和历史主动性，使人民在历史大势面前积极作为、顺势而上。人民民主是社会主义的生命，是全面建设社会主义现代化国家的应有之义。坚持人民主体地位，是在法治轨道上全面建设社会主义现代化国家的必然要求。推进法治现代化发展，必须贯彻全过程人民民主，坚持党的领导、人民当家作主、依法治国有机统一，坚持人民主体地位，在法治建设的各个环节充分体现人民意志、保障人民权益、激发人民创造力，推进民主政治运行制度化、规范化、程序化，构建起全链条、全方位、全覆盖的民主制度体系，不断为在法治轨道上全面建设社会主义现代化国家注入人民智慧。

三是要坚持中国特色社会主义法治道路。中国式现代化要用几十年时间走完发达国家几百年走过的历程，这绝不意味着我们可以抛弃法治谈发展；相反，必须坚持以法治推动改革，以法治稳定预期，在法治道路上实现高质量发展。中国特色社会主义法治道路是中国特色社会主义道路在法治领域的具体体现。在全面依法治国和法治现代化进程中，必须坚定不移地走中国特色社会主义法治道路，通过深化全面依法治国实践有效检验法治建设成效，通过法治优势推动各方面制度的成熟定型，逐步实现国家治理制度化、程序化、规范化、法治化，坚持法治现代化和经济现代化、政治现代化、文化现代化、社会现代化等各领域现代化通盘谋划，把法治贯穿于国家治理和国家建设全过程，以法治现代化引领和保障社会主义现代化，不断为中国式现代化助力赋能。

四是要坚持建设中国特色社会主义法治体系。党的十九大提出，建设中国特色社会主义法治体系。党的二十大进一步要求，未来五年中国特色社会主义法治体系要更加完善。中国特色社会主义法治体系是推进全面依法治国的总抓手，要加快形成完备的法律规范体系、高效的法治实施体系、严密的法治监督体系、有力的法治保障体系，形成完善的党内法规体系。中国式现代化必须坚持和完善中国特色社会主义法治体系，坚持依法治国、依法执政、依法行政共同推进，坚持法治国家、法治政府、法治社会一体建设。法治体系是国家治理体系的骨干工程，推进中国式法治现代化，必须不断完善法律规范、法治实施、法治监督、法治保障和党内法规体系，既要凸显国家法律在法治现代化中的重要地位，又要彰显党内法规作为"中国之治"独特治理密码的制度优势，完善党的自我革命制度规范体系。要聚焦新时代社会主要矛盾变化，重点解决立法不良、有法不依、执法不严、司法不公、监督不力、人民权利保障不周等突出问题，努力让人民群众在每一项法律制度、每一个执法决定、每一宗司法案件中都感受到公平正义。要回应新兴法治问题，深入推进法治理论创新、实践创新、制度创新，不断健全中国特色社会主义法治体系。

五是要坚持准确把握全面依法治国重点任务。习近平总书记多次强调，全面依法治国是国家治理的一场深刻革命。实现中国式现代化，要依靠"五位一体"总体布局和"四个全面"战略布局，其中，全面依法治国发挥着重要的保障作用。推进全面依法治国，要求着力推进科学立法、严格执法、公正司法、全民守法。要聚焦法律制度空白点与突出点，加快建立健全国家治理急需、满足人民日益增长的美好生活需要必备的法律制度。加强国家安全、科技创新、公共卫生、生物安全、生态文明、防范风险等重要领域立法。加强涉外领域立法，进一步完善反制裁、反干涉、反制外国制裁法律法规，推动我国域外适用的法律体系建设。要扎实推进依法行政，树立法治政府良好形象，全面推进严格规范公正文明执法。要继续深化司法体制综合配套改革，全面准确落实司法责任制，推进阳光司法，坚决遏制司法腐败。加快构建系统完备、规范高效的执法司法制约监督体系，确保公权力行使的各环节、全过程在有效制约监督下进行。要完善中国特色军事法治体系，深化军事立法工作，强化军事法规制度执行监督工作，加强涉外军事法治工作。要加强中国特色法学学科体系、学术体系、话语体系建设，努力培养造就更多具有坚定理想信念、强烈家国情怀、扎实法学根底的法治人才。要在全社会营造良法善治氛围，建设社会主义法治文化，让社会信仰法治、尊崇法治、坚守法治，引导全体人民做社会主义法治的忠实崇尚者、自觉遵守者、坚定捍卫者，让法治理念与信仰深入人心。

六是要坚持依法治国与以德治国相结合。中国式现代化是有温度的现代化。党的二十大将"丰富人民精神世界"作为中国式现代化的本质要求之一。与西方式现代化往往着眼于物质文明相比，中国式现代化还强调人民精神境界和道德水平的提高，表现在国家治理上就是德法并重。"法安天下，德润人心"，习近平总书记提出的依法治国与以德治国相结合，既是对中西方历史经验的深刻总结，也是对治国理政规律的深刻把握，与中华民族礼法并重、德法合治的政治传统一脉相承。我国具有悠久的法制文明，历史上形成了独具特色、影响广泛的中华法系，留下了无比宝贵的法律文化遗产。无论是"德主刑辅"还是"天理、国法、人情"，都表明法律与道德在治理国家中不可偏废。习近平总书记通过进一步阐明二者的辩证关系，彰显了法治道路的中国特色。要把社会进步道德观念尤其是社会主义核心价值观融入立法、执法、司法，以之为指导健全各行各业规章制度，完善乡规民约、企业规则、学生守则等行为准则，努力形成良好的社会风尚和社会秩序。要把法治建设和道德建设紧密结合起来，把他律和自律紧密结合起来，做到法治和德治相辅相成、相得益彰，实现中国式现代化的良法善治。

七是要坚持开放式法治思维。中国式现代化绝不是封闭僵化的现代化，而是顺应时代发展、符合全球利益、解决人类问题的现代化。正如党的二十大报告所指出的，中国式现代化是走和平发展道路的现代化。人类命运共同体理念支撑下的中国式现代化，必然要求法治建设在立足国情前提下积极面向世界，以开放式姿态展示中国智慧在世界治理格局中的独特魅力。习近平总书记指出："国际国内环境越是复杂，改革开放和社会主义现代化建设任务越是繁重，越要运用法治思维和法治手段巩固执政地位、改善执政方式、提高执政能力，保证党和国家长治久安。"身处百年未有之大变局，需要增强以法治思维化解风险矛盾、捍卫国家利益的能力。要加快涉外法治工作战略布局，强化涉外法治体系建设，促进法治文明交流互鉴，深化法治领域的国际合作，积极开展法律外交，主动参与并努力引领国际规则制定，为中国式现代化进程中应对单边主义、保护主义，促进全球治理体系变革等重大课题提供法治保障。

八是要坚持包容性法治方式。马克思指出："科学是一种在历史上起推动作用的、革命的力量。"习近平总书记指出，创新是引领发展的第一动力。纵观人类历史，向现代化迈进的每一步都离不开科技创新的支撑。党的二十大报告提出要坚持创新在我国现代化建设全局中的核心地位，并且进一步提出在 2035 年实现高水平科技自立自强，进入创新型国家前列的发展规划。中国式现代化必须实现科技自立自强，在新科技革命推动下弯道超车。面向现代化的科技创新需要与之相应的法治环境，有效的制度环境在提升创新效率、激发创新活力、促进技术转化、保护知识产权等方面发挥着基础性作用。国家的科技竞争力最终取决于其制度竞争力。要以法治方式激励创新、包容创新、保护创新，创造公正、透明、可预期的法治化营商环境，以法治激发全社会创造活力；要紧随科技前沿补齐制度短板，探索试验性立法，引导行业自我规制，强化包容审慎监管，创新纠纷解决方式，为科技创新提供法治保障。

法治兴则国兴，法治强则国强。党的二十大强调，我国十四亿多人口整体迈进现代化社会，规模超过现有发达国家人口的总和，艰巨性和复杂性前所未有。面对这一艰巨的历史任务，唯有现代化的法治才能适应现代化的国家治理，唯有筑牢中国式现代化的法治根基，才能有效保障国家治理现代化的系统性、规范性、协调性，最大限度凝聚社会共识。历经百年孜孜探索，中国共产党领导人民走出了一条中国式现代化新道路，打破了现代化的西方唯一论，为人类实现现代化提供了新途径，也开创了法治现代化的新道路，为人类法治文明谱写了新篇章。未来要坚持和加强中国共产党的领导，在法治轨道上全面建设社会主义现代化国家，把法治贯穿于国家治理和国家建设各领域各方面各环节，以高质量法治保障社会主义现代化强国建设。

第四章

中国式现代化的世界意义

第十七讲

中国共产党关于人类命运共同体的认识飞跃

李君如

2023 年 2 月 7 日，习近平在学习贯彻党的二十大精神研讨班开班式上发表重要讲话指出：中国式现代化蕴含的独特世界观、价值观、历史观、文明观、民主观、生态观等及其伟大实践，是对世界现代化理论和实践的重大创新。中国式现代化为广大发展中国家独立自主迈向现代化树立了典范，为其提供了全新选择。

中国共产党作为一个马克思主义政党，既为中国人民谋幸福、为中华民族谋复兴，也为人类谋进步、为世界谋大同，推动构建人类命运共同体，为建设持久和平、普遍安全、共同繁荣、开放包容、清洁美丽的世界贡献了中国智慧、中国方案、中国力量。深入研究人类命运共同体理念提出来的历史脉络及其各个阶段的历史贡献，我们就可以知道中国共产党提出的这一处理当今世界国际关系、推进全球治理的重要理念，是马克思主义中国化思想史上一个重大飞跃。

一、多极化世界和"人类命运共同体"

在和平、发展、合作、共赢的时代潮流推动下，当今世界正面临百年未有之大变局。经历了两次世界大战和近半个世纪冷战，在两极格局终结后，国际关系出现了深刻的大变革、大调整。与此同时，两个相互联系的重大问题摆到了我们面前：一是在两极格局终结后的世界往哪里去，二是如何建设两极格局终结后多极化世界的国际秩序。

两极格局终结后的世界往哪里去？这是许多国家的战略家、政治家最关心的问题，他们在两极格局终结后提出了一系列影响很大的观点：一是福山提出"历史终结论"，认为世界将形成由西方自由主义主宰的格局；二是布热津斯基在《大棋局》中提出的，美国在解决能源控制和自身道德形象等问题后可以成为唯一的超级大国；三是基辛格提出的，世界将形成美、欧、中、俄、日和印度等大国均势平衡的格局。这些构想的共同特点是认为两极格局终结后的国际关系依然是由西方特别是由美国主导的，并且认为一旦中国崛起就将引起世界均势的变化，从而给世界稳定造成压力。"文明冲突论"的提出者亨廷顿就是这么认为的。

中国则认为，两极格局终结后，世界往多极化方向发展的趋势日益显现出来。这种多极化，既不是中美两极化，也不是传统的"中美俄大三角"或"中美欧新三角"，而是世界各种力量分化重组后的多极化。

如何建设两极格局终结后多极化世界的国际秩序？习近平以大国领袖的责任担当，深入思考了"建设一个什么样的世界、如何建设这个世界"等关乎人类前途命运的重大课题，向世界发出了构建人类命运共同体的倡议，并在不同场合对构建人类命运共同体进行了重要阐述，形成了科学完整、内涵丰富、意义深远的思想体系。[1] 2017 年 1 月 18 日，习近平在日内瓦联合国总部发表了《共同构建人类命运共同体》的著名演讲。他在演讲中指出："世界怎么了、我们怎么办？这是整个世界都在思考的问题，也是我一直在思考的问题。"[2] 然后，他回顾了"我们从哪里来、现在在哪里、将到哪里去"，指出："让和平的薪火代代相传，让发展的动力源源不断，让文明的光芒熠熠生辉，是各国人民的期待，也是我们这一代政治家应有的担当。"[3] 最后，他铿锵有力地指出："中国方案是：构建人类命运共同体，实现共赢共享。"[4] 习近平的日内瓦演讲及其全面阐述的人类命运共同体思想，得到国际社会的高度评价和热烈响应，并被写入联合国文件。

习近平提出的关于构建人类命运共同体的"中国方案"，向世界提出了一个构建多极化国际关系的全新思想。正如他一再强调："人类生活在同一个地球村，各国日益相互依存、命运与共，越来越成为你中有我、我中有你的命运共同体。没有哪个国家能够独自应对人类面临的各种挑战，也没有哪个国家能够退回到自我封闭的孤岛。世界各国更需要以负责任的精神同舟共济，共同维护和促进世界和平与发展。"[5]

1　杨洁篪：《推动构建人类命运共同体》，《人民日报》2017 年 11 月 19 日。

2　《习近平谈治国理政》第 2 卷，北京：外文出版社，2017 年，第 537 页。

3　同上，第 539 页。

4　同上。

5　杨洁篪：《推动构建人类命运共同体》，《人民日报》2017 年 11 月 19 日。

二、"人类命运共同体"认识的"两次飞跃"

从认识论的角度研究人类命运共同体理念的形成和发展，可以发现，中国共产党的这一理念也经历了从实践到认识、从认识到实践的两次飞跃。

人类命运共同体理念形成的第一次飞跃，发生在党的十六大到党的十八大期间。

改革开放是中国发展的强大动力，特别是在中国开辟了中国特色社会主义道路，建立了社会主义市场经济体制，并全面参与经济全球化后，中国社会内在的活力被极大地激发了出来，很快就进入了经济快速发展的轨道。在中国人民为自己取得的历史性进步欢欣鼓舞的时候，国际社会中的有些人却忐忑不安。于是，"中国威胁论""中国崩溃论"就出现了。对于中国来讲，这也是一个全新的问题：一个日益强大的中国，如何和世界相处？为回答这个问题，在进入 21 世纪之初，中国就已经向世界宣布：中国将始终不渝地走和平发展道路。这既是中国现代化的经验，也是中国文化的要求。显然，这是一条不同于历史上一些国家通过殖民主义或发动战争来实现本国现代化的道路，更不是一条国家强大后就要称霸世界的道路。中国共产党是对世界和人类负责的党，郑重地把这条道路写进了自己的党代会报告。

中国宣示始终不渝地走和平发展道路，不仅要坚持自己的和平发展，而且要致力于维护世界和平，积极促进世界各国形成共同发展繁荣的人类命运共同体。

早在 2011 年 9 月 6 日国务院新闻办公室发布的《中国的和平发展》白皮书中，中国就提出：坚持走和平发展道路的中国，将"以命运共同体的新视角，以同舟共济、合作共赢的新理念，寻求多元文明交流互鉴的新局面，寻求人类共同利益和共同价值的新内涵，寻求各国合作应对多样化挑战和实现包容性发展的新道路"[6]。

中国的这一主张，不仅通过白皮书昭告天下，而且写进了党的十八大报告。党的十八大报告指出："我们主张，在国际关系中弘扬平等互信、包容互鉴、合作共赢的精神，共同维护国际公平正义。""合作共赢，就是要倡导人类命运共同体意识，在追求本国利益时兼顾他国合理关切，在谋求本国发展中促进各国共同发展，建立更加平等均衡的新型全球发展伙伴关系，同舟共济，权责共担，增进人类共同利益。"[7]也就是说，对于一个日益强大的中国，如何和世界相处的问题，中国已经给出了明确的答案。这就是：始终不渝地走和平发展道路，和世界上不同制度、不同类型、不同发展阶段的国家相互依存、利益交融，形成"你中有我、我中有你"的人类命运共同体。这是"人类命运共同体"理念形成过程中的第一次飞跃：从实践到认识的飞跃。

第二次飞跃，发生在党的十八大之后。

2013年3月23日，习近平在俄罗斯莫斯科国际关系学院发表的演讲中提出："人类生活在同一个地球村里，生活在历史和现实交汇的同一个空间里，越来越成为你中有我、我中有你的命运共同体。"以此为新起点，他把我们党提出的人类命运共同体理念付诸国际关系的实践之中。

此后，习近平在国际交流的多个场合做了大量推介工作，在构建

6 国务院新闻办公室：《中国的和平发展》白皮书，《人民日报》2011年9月7日。
7 《十八大以来重要文献选编》（上），北京：中央文献出版社，2014年，第37页。

人类命运共同体的原则、途径、形式、方法等各个方面丰富和完善了人类命运共同体理念。习近平 2017 年 1 月 18 日在日内瓦联合国总部发表的演讲，把"构建人类命运共同体，实现共赢共享"作为解决当今世界"将到哪里去"的"中国方案"提出来后，其即刻被写进联合国相关决议。这就是"人类命运共同体"理念形成和发展过程中的第二次飞跃：从认识到实践的飞跃。

三、"意义更加伟大"的第二次飞跃的贡献

我们说关于人类命运共同体理念在认识上发生的第二次飞跃"意义更加伟大"，怎么理解这一点呢？回顾我们推进构建人类命运共同体的"第二次飞跃"，可以注意到，其中不仅实践在不断拓展和深化，而且认识也在进一步丰富和发展，特别是在对人类命运共同体的理论定位和理论基石认识上，经历了一次又一次突破。

首先，从外交实践的角度来看，以习近平同志为核心的党中央为推进构建人类命运共同体，通过元首外交、政府外交、政党外交、公共外交和民间外交，已经形成多层次、多渠道推进的大格局。党的十八大以来，我们从推动构建生命共同体、人类卫生健康共同体到推动构建网络空间命运共同体，从推动构建国家与国家之间的命运共同体到推动构建区域与区域之间的命运共同体，并在联合国相关文件中写入构建人类命运共同体，取得了极大的进展。

其次，从思想脉络的角度来看，中国共产党对人类命运共同体的理论定位，经历了三次突破。第一次，人类命运共同体理念在提出之初，即在这一理念形成的认识"第一次飞跃"之时，被定位为一个迅速发展起来的中国和世界如何相处的"相处之道"。第二次，人类命运共

同体理念在认识的"第二次飞跃"进程中，被定位为解决世界问题的"中国方案"。第三次，人类命运共同体理念在认识的"第二次飞跃"进一步深化之际，被定位为"人间正道"。这就是在新冠病毒肺炎疫情暴发后，我们主张面对疫情，人类应该携手抗击。在此期间，中国政府提出，疫情再次证明只有构建人类命运共同体才是人间正道。也就是说，构建人类命运共同体已经不仅仅是一个"中国方案"，而且已经被大家认识到是解决人类面临问题的唯一出路，是"人间正道"。

最后，从思想理论构建的角度来看，中国共产党在提出人类命运共同体理念过程中逐渐认识到并强调这一理念有两块基石。第一块基石是利益基石。我们党在提出人类命运共同体理念之初，就强调不同社会制度、不同意识形态的国家，在世界经济发展中可以形成"你中有我、我中有你"的利益共同体。第二块基石是价值基石。2015年9月28日，习近平在第七十届联合国大会一般性辩论中明确指出："和平、发展、公平、正义、民主、自由，是全人类的共同价值。"此后，他在国际讲坛和国内许多场合反复强调这一思想。尤其是在庆祝中国共产党成立100周年大会上，习近平再一次强调了这一思想，随后它被写进了党的二十大报告。这是中国共产党在人类命运共同体问题上一次非常重要的认识飞跃。

四、全人类共同价值的贡献和意义

党的十八大以来，中国共产党在坚持中国和平发展道路，推动构建人类命运共同体的过程中，明确提出人类是有共同价值的。2015年9月28日，习近平在出席在美国纽约联合国总部举行的第七十届联合国大会一般性辩论时指出："'大道之行也，天下为公。'和平、发展、公平、正义、民主、自由，是全人类的共同价值，也是联合国的崇高目标。目标远未完成，我们仍须努力。当今世界，各国相互依存、休戚与共。我们要继承和弘扬联合国宪章的宗旨和原则，构建以合作共赢为核心的新型国际关系，打造人类命运共同体。"这里，习近平不仅提出了人类存在着"共同价值"，而且明确指出"和平、发展、公平、正义、民主、自由"就是"全人类的共同价值"。这个论断，在中国乃至于在世界的哲学社会科学发展历史上，都有着极其重要的历史地位。

2018 年 12 月 10 日，习近平在致"纪念《世界人权宣言》发表 70 周年座谈会"的贺信中，再次从人权的角度，明确指出："中国人民愿同各国人民一道，秉持和平、发展、公平、正义、民主、自由的人类共同价值，维护人的尊严和权利，推动形成更加公正、合理、包容的全球人权治理，共同构建人类命运共同体，开创世界美好未来。"[8]

2020 年 9 月 22 日，习近平在第七十五届联合国大会一般性辩论上发表重要讲话时进一步指出："面对新冠肺炎疫情，各国要践行人民至上、生命至上理念，加强团结、同舟共济。要树立命运共同体意识和合作共赢理念，相互尊重各国自主选择的发展道路和模式，秉持开放包容理念，坚定不移构建开放型世界经济，树立创新、协调、绿色、开放、共享的新发展理念，推动疫情后世界经济'绿色复苏'，坚持走多边主义道路，维护以联合国为核心的国际体系。中国坚持走和平发展、开放发展、合作发展、共同发展的道路，将继续做世界和平的

---

8 《习近平致信纪念〈世界人权宣言〉发表 70 周年座谈会强调 坚持走符合国情的人权发展道路 促进人的全面发展》，《人民日报》2018 年 12 月 11 日。

建设者、全球发展的贡献者、国际秩序的维护者。"[9]最后，他呼吁：
"让我们团结起来，坚守和平、发展、公平、正义、民主、自由的全
人类共同价值，推动构建新型国际关系，推动构建人类命运共同体，
共同创造世界更加美好的未来！"[10]

就是在当今世界处于如此大的历史性变动并具有如此大的不确定
的时代背景下，习近平在国际社会一次又一次强调指出，人类社会是
有共同价值的，人类完全可以在和平、发展、公平、正义、民主、自
由这样的全人类共同价值坚持上构建人类命运共同体。

和平、发展、公平、正义、民主、自由在各个国家的价值观中都存在，
同时又可以形成各个国家人民相互交流的全人类共同价值。其中，"和
平、发展"强调的是世界上各个国家应该奉行什么样的国家行为。在
当今世界，和平与发展已经成为时代主题，和平、发展、合作、共赢
已经成为时代潮流，各个国家不论是强国还是弱国、大国还是小国，
都应该和平共处、共同发展，遇到矛盾和问题不应该诉诸战争和杀戮，
危及人类的生命安全和生存发展。只有这样，才能造福全人类，造福
世界各国人民。"公平、正义"强调的是国际社会在处理国与国之间
相互关系及其发生的矛盾时应该形成什么样的国际关系准则。各个国
家之间，不论是大国与大国之间还是大国与小国之间，不论是强国与
强国之间还是强国与弱国之间，国际社会在处理国与国之间的相互关
系包括它们之间发生的矛盾时都应该秉持公平、支持正义，不偏袒一

---

9 《习近平在第七十五届联合国大会一般性辩论上发表重要讲话》，《人民日报》
2020 年 9 月 23 日。

10 同上。

国而损害他国利益，更不能恃强凌弱、欺软怕硬。只有这样，才能形成良好的国际关系并建立一个安全的、富有正义感的国际社会。"民主、自由"强调的不仅是各个国家应该形成什么样的政治秩序，而且是各个国家在世界上相处时应该形成什么样的国际秩序。民主、自由已经成为人类社会在政治上共同的追求，但各个国家实行什么样的民主、自由应该由各个国家的人民自己来选择，所有国家都应该尊重其他国家人民自由选择政治制度的权利，这也是民主、自由所要求的。在当今世界，各个国家之间不仅具有文化的多样性，而且国际关系正在向多极化方向发展。因此，各个国家在世界上和平共处时更应该恪守的是多边主义，而不是单边主义，更应该奉行的是国际关系民主化，而不是霸权主义、强权政治。只有这样，才能摒弃干涉主义，避免热战和冷战，形成健康稳定的国际新秩序，建造"百花齐放"的人类大花园，让世界各个国家的人民都能够充分享受民主、自由的和谐生活。

也就是说，和平、发展、公平、正义、民主、自由作为全人类的共同价值，是世界上各个国家在自处和相处时，都应该遵循的关于国家行为、国际关系、国际秩序的基本规范、基本准则和基本要求。

第十八讲

如何理解全人类共同价值的时代观照

辛 鸣

"全人类共同价值"是 21 世纪中国共产党人提出的标志性概念，也是 21 世纪世界价值建构的最重要成果。中国共产党人为什么要和为什么能提出全人类共同价值，全人类共同价值对当代世界，特别是对全人类前途命运意味着什么，其逻辑如何生成、内涵如何厘清、践履如何展开，对于这些问题，需要以唯物史观为指导，坚持马克思主义价值理论，站在时代的高度，顺应时代发展的潮流，在 21 世纪世界百年未有之大变局的时代脉动中去观照理解并予以回答。

一、全人类共同价值的时代逻辑

价值是人在现实实践活动中形成的意义认知与认同，也是影响和塑造现实实践活动的基础性行为准则。不论是人、组织还是社会，在长期的历史实践活动中必然会形成体现和反映其物质生产生活方式、交往方式并具有鲜明时代特征的价值观。借用马克思的一句话，与手推磨相联系的生产和生活方式及其时代产生的是封建价值观，与蒸汽磨相联系的生产和生活方式及其时代产生的是工业资本的价值观。[1]那么，21 世纪的人类社会需要和将产生什么样的价值观，就要深入到 21 世纪时代的生产和生活方式变迁中去寻找。

21 世纪是世界历史进程深度展开、世界性交往深度进行的时代。进入 21 世纪，人类社会发展的世界历史进程步伐在加快，世界各国相互依存、休戚与共，人类社会整体性和共同性越来越凸显。在科学技术层面上，互联网、大数据、云计算、量子卫星、人工智能迅猛发展，人类生活的关联与互渗前所未有，"地球村"的比喻越来越具有现实的感观。同时，人类面临的全球性问题数量之多、规模之大、程度之深也前所未有，资讯泛滥、信息泄露、交往痕迹透明、传统隐私空间日渐消失，人类的数字化生存方兴未艾但危机重重。在生产和交往方式层面上，世界各国人民前途命运越来越紧密地联系在一起，形成了你中有我、我中有你的利益共同体，人类的公共化生存成了越来越凸显的时代课题。很多问题不再局限于一国内部，越来越需要各国共同磋商解决，很多挑战也不再是一国之力所能应对，越来越需要各国通力合作，建立行之有效的国际机制和国际规则，追求国际公平正义成为越来越多国家的共识。马克思主义经典作家认为，随着每一次社会制度的巨大历史变革，人们的观点和观念也会发生变革。如何在价值层面上超越国家群体间的封闭隔阂纷争，求大同存小异，实现世界各国和世界人民共同的利益，21 世纪的经济社会发展方式和人的生存发

1　参见《马克思恩格斯选集》第 1 卷，北京：人民出版社，2012 年，第 222 页；《马克思恩格斯文集》第 1 卷，北京：人民出版社，2009 年，第 540—541 页。

展方式让全人类共同价值有了坚实的社会实践基础。

世界百年未有之大变局宣告了西方"普世价值"的没落。世界百年未有之大变局是全方位的变化，其中最直接的"变"就是国际力量对比发生深刻变化，国际发展态势发生深刻变化。21世纪以来，新兴市场国家和一大批发展中国家快速发展，国际影响力不断增强，使得数百年来列强通过战争、殖民、划分势力范围等方式争夺利益和霸权逐步向各国以制度规则协调关系和利益的方式演进，这是近代以来国际力量对比发生的最具革命性的变化。新兴国家以其不同于西方发展方式、发展价值的实践实现了发展逆转，西方发达国家则在其既有模式和价值幻境中江河日下，而且这一变化还在持续演进中。为什么像美国这样在过去的经济全球化发展中占尽优势的霸权国家要"退群"、要反全球化，为什么口口声声讲"基于规则的国际秩序"却经常搞"双标"，还不敢讲清楚所谓规则的内涵，其自相矛盾、顾此失彼的行为背后是"普世价值"的困境。

西方"普世价值"的竞争优势，构建起充分反映世界历史进程、世界百年未有之大变局时代特征的价值体系，发展道路与制度的竞争丧失了与时俱进、变革创新的精神基础。如果一个社会在精神层面上人云亦云、亦步亦趋、唯他人马首是瞻，不能在精神层面上想清楚、讲清楚什么是好、什么是应该、什么是有意义，怎么可能走出一条跨越式发展的新路，怎么可能确立起优越于西方资本主义的全新制度，又怎么可能把自己选定的道路坚定不移地走下去。所以，通过全人类共同价值的构建，站上人类社会价值制高点，实质上是掌握引领人类社会发展大方向的主导权。

作为马克思主义者，中国共产党清醒地认识到，推动人类社会文明进步的力量只有在世界历史的意义上才可能真正存在，更加美好的人类社会也只有在世界历史的意义上才可能真正实现。2015 年 9 月 28 日，习近平出席第 70 届联合国大会一般性辩论，在讲话中郑重提出"和平、发展、公平、正义、民主、自由，是全人类的共同价值"[2]。这是中国共产党人第一次提出"全人类共同价值"理念。2021 年 7 月 6 日，习近平出席中国共产党与世界政党领导人峰会时进一步强调："各国历史、文化、制度、发展水平不尽相同，但各国人民都追求和平、发展、公平、正义、民主、自由的全人类共同价值。我们要本着对人类前途命运高度负责的态度，做全人类共同价值的倡导者，以宽广胸怀理解不同文明对价值内涵的认识，尊重不同国家人民对价值实现路径的探索，把全人类共同价值具体地、现实地体现到实现本国人民利益的实践中去。"[3] 这是中国共产党人对践行全人类共同价值的高度时代自觉。

二、全人类共同价值的时代内涵

全人类共同价值是中国共产党人在科学研判 21 世纪世界政治经济格局和时代特征的基础上作出的实事求是的价值建构。当今世界不同社会制度还将长期共存并竞争发展的基本格局，不同国家不同民族的历史文化传统仍然深刻塑造着其各自行为模式的基本事实，决定了全人类共同价值必须具有尽可能广泛的包容性、尽可能普遍的现实性，

---

2 《习近平谈治国理政》第 2 卷，北京：外文出版社，2017 年，第 522 页。

3 习近平：《加强政党合作 共谋人民幸福——在中国共产党与世界政党领导人峰会上的主旨讲话》，《人民日报》2021 年 7 月 7 日。

使得人类社会现有的各种价值观都能在全人类共同价值中"和而不同，各得其所"，进而"各美其美，美美与共"，并在此基础上让世界趋善向上。因此，对全人类共同价值内涵的科学认知与界定，要处理好三个方面的问题。

第一，全人类共同价值既然冠名"全人类"和"共同"，毫无疑问应该具有最大普遍性。和平、发展、公平、正义、民主、自由不是哪一个人、哪一个国家和组织的，而是全体人类、所有国家和组织共同的，坚决不能让少数西方发达资本主义国家及其经济政治组织成为小圈子。

第二，全人类共同价值不是抽象空洞没有确定内容的概念，不能沦为任何人、任何组织都可以往里面装自己所想装的内容的话语标签。马克思主义认为，"每一历史时代主要的经济生产方式和交换方式以及必然由此产生的社会结构，是该时代政治的和精神的历史所赖以确立的基础"[4]。全人类共同价值是建立在当代世界发展、人类共同期盼，历史主动和历史自觉基础上的，具有十分确定的时代内容。

第三，中国共产党坚持社会主义发展道路，坚持社会主义核心价值观，但是我们不是要把全人类共同价值当作中国社会主义核心价值观的国际版。我们不这样讲，也不主张世界做这样的理解，这对于全人类共同价值在世界范围内形成共识是很不利的。不过，这并不意味着我们要刻意淡化全人类共同价值的社会主义因素。事实上，随着中国特色社会主义进入新时代，"世界范围内社会主义和资本主义两种意识形态、两种社会制度的历史演进及其较量发生了有利于社会主义

---

4 《马克思恩格斯文集》第 2 卷，北京：人民出版社，2009 年，第 14 页。

的重大转变"[5]。世界社会主义振兴并引领世界发展的历史趋势渐进显现，顺应尊重世界经济社会发展的客观现实，让全人类共同价值沐浴社会主义价值"普照的光"而具有社会主义因素也是一个自然的历史事实。

三、全人类共同价值的时代实践

全人类共同价值从来不是抽象的话语表达与概念堆砌，而是来自21世纪人类鲜活的历史实践。对于全人类共同价值，不能仅仅停留于理论阐述和观念传播的层面，而需要按其价值导向推动新的历史实践的展开以影响和塑造21世纪的人类面貌和世界格局，体现"现实本身应当力求趋向思想"[6]的意识形态功能，这正是实践辩证法的力量所在。

（一）以全人类共同价值为引领，建立以合作共赢为核心的新型国际关系

20世纪以来的世界格局和国际关系是在两次世界大战以后以美国为主导建构起来的所谓"同心圆"格局。美国是权力中心也是利益中心，世界其他国家按照与美国关系亲疏远近而在外围依次展开，外围与边缘服从于中心，以外围与边缘国家的贡献与付出满足中心国家的利益追求。这样的世界格局与国际关系的形成有其历史的客观性，但越来越凸显出这种国际秩序的不公平、非正义、非民主、不自由，不适应

---

5 《中共中央关于党的百年奋斗重大成就和历史经验的决议》，北京：人民出版社，2021年，第63—64页。

6 《马克思恩格斯文集》第1卷，北京：人民出版社，2009年，第13页。

21世纪的历史发展潮流，导致地缘政治热点此起彼伏，恐怖主义、武装冲突的阴霾挥之不去。习近平指出："要合作还是要对立，要开放还是要封闭，要互利共赢还是要以邻为壑，国际社会再次来到何去何从的十字路口。全球治理体系的走向，关乎各国特别是新兴市场国家和发展中国家发展空间，关乎全世界繁荣稳定。"[7] 以全人类共同价值为引领，推进全球治理体系变革，建立新型国际关系，通过公平正义民主自由的制度安排与规则设定，合理确立世界各国在国际秩序和国际体系中的地位和作用，是有效应对各种全球性挑战的基础。

当今世界，多极化是大势所趋，某些国家试图像以往那样称王称霸、唯我独尊已经不可能。任何国家都没有包揽国际事务、主宰他国命运、垄断发展优势的权力，更不能在世界上我行我素，搞霸权、霸道、霸凌。任何一个国家，无论大小强弱，只有在平等、互利、共赢基础上参与国际合作，才能实现持续发展；反之，追逐霸权，穷兵黩武，只会消耗国力，走向衰亡。党的十八大以来，习近平全面阐述中国的国际秩序观、全球治理观、新安全观、新发展观、人权观、生态观、文明观，其中贯穿了全人类共同价值的核心要求，为完善全球治理提供了中国智慧。

面对时代课题，中国坚定践行真正的多边主义，坚决反对任何形式的"新冷战"和意识形态对抗，坚决反对搞"小圈子"，反对所谓"以规则为基础的国际秩序"，推动国际秩序朝着更加公正合理的方向发展。中国坚持共商共建共享，推动提升发展中国家在国际事务中的代表性和发言权，推动创立亚洲基础设施投资银行、金砖国家新开发银

---

7 《习近平谈治国理政》第3卷，北京：外文出版社，2020年，第445页。

行等国际合作机制，成为全球治理体系改革和建设的关键推动力量。中国始终做世界和平的建设者、全球发展的贡献者、国际秩序的维护者，支持扩大发展中国家在国际事务中的代表性和发言权，支持补齐全球治理体系中的南方短板，支持汇聚南南合作的力量，推动全球治理体系更加平衡地反映大多数国家特别是发展中国家的意愿和利益。

（二）以全人类共同价值为引领，建立 21 世纪经济全球化新样态

西方资本主义通过经济全球化开启了世界历史进程，具有客观的历史进步性，但这种进步是以罪恶与战争为代价的。西方资本主义 300 余年的经济全球化一直伴随着血与火的侵略、掠夺和殖民，没有民主自由，更谈不上公平正义。虽然 21 世纪以来赤裸裸的掠夺方式在淡化，以坚船利炮背书的所谓国际规则、国际惯例走到了前台，但这只不过是让不公平、非正义更加隐蔽、更加变本加厉。结果，不仅发展中国家不能接受这样的经济全球化，就连发达国家也发现其难以为继而开始拒绝抛弃。但经济全球化毕竟是人类社会走向世界历史的重要方式，代表历史进步的方向，因而不能也无法拒绝，不能因噎废食，不能倒洗澡水把澡盆中的小孩也一并倒掉。

面对当今世界去经济全球化、反经济全球化的态势，中国共产党举起了捍卫推动改善经济全球化的大旗。习近平在世界经济论坛 2017 年年会开幕式上的演讲中指出，"面对经济全球化带来的机遇和挑战，正确的选择是，充分利用一切机遇，合作应对一切挑战，引导好经济全球化走向"，"要让经济全球化进程更有活力、更加包容、更可持续"。[8] 党的十八大以来，从 G20 杭州峰会到亚太经合组织领导人会议再到世

---

8 《习近平谈治国理政》第 2 卷，北京：外文出版社，2017 年，第 478 页。

界经济论坛上倡导推动经济全球化，再通过提出"一带一路"倡议、创建自由贸易区、建设亚洲基础设施投资银行等一系列举措推进全球经济治理，中国共产党人事实上建构起了21世纪经济全球化的新样态。2013年，习近平历史性地提出"丝绸之路经济带"和"21世纪海上丝绸之路"重大倡议。10年来，"一带一路"已从倡议变为现实，从"大写意"转为"工笔画"，成为世界上最大的开放合作平台和广受欢迎的国际公共产品，极大地塑造了经济全球化开放、包容、普惠、平衡、共赢的新时代特征。

经济全球化是一种伴随着人类社会生产力的发展而出现的客观经济社会现象，究竟是造福人类还是危害世界，取决于对经济全球化理念的选择与制度的设计。当代中国共产党人倡导推动的经济全球化之所以有别于并优越于传统的经济全球化，根本原因在于经济全球化背后的价值理念不同。传统的经济全球化是把世界作为大国和资本的"跑马场"，运行模式是零和博弈甚至负和博弈，经济全球化的结果是穷国越穷、富国越富。所谓"世界是平的"，对于跨国公司、跨国资本来说确实是平的，一马平川，横冲直撞，但对于发展中国家及其民众来说恐怕难有平等可言，更多的时候是"为他人作嫁衣"，甚至可能是"人为刀俎，我为鱼肉"。而中国共产党则是以全人类共同价值为指引来建构21世纪的经济全球化，让世界各国，不论大国小国，不论发达还是欠发达，都在共商、共建、共享中获得发展，让世界各国人民梦想成真。

（三）以全人类共同价值为引领，构建人类命运共同体

21世纪的世界已然是一个共同体，但这个共同体是以资本和霸权为纽带建立起来的。资本纽带让发展中国家沦为实现资本利润的廉价劳动力，霸权纽带让世界各国沦为大国争霸中身不由己的棋子。这样的共同体最大的特征就是不讲命运与共，少数人、少数国家是主体、是目的，绝大多数人、绝大多数国家是工具、是手段。事实上，21 世纪人类的生产和生活方式已经把世界化为一个你中有我、我中有你的命运共同体，不管愿意不愿意，意识到没意识到，全球 70 多亿人已然进入了"一损俱损"的境地。如何让人类走出"一损俱损"的困境，走向"一荣俱荣"的生活，是中国共产党人思考的时代命题。习近平2017 年 1 月 18 日在联合国日内瓦总部的演讲中明确提出："让和平的薪火代代相传，让发展的动力源源不断，让文明的光芒熠熠生辉，是各国人民的期待，也是我们这一代政治家应有的担当。中国方案是：构建人类命运共同体，实现共赢共享。"[9]

建设一个更加美好的世界，是人类社会的共同愿望。什么是更加美好的世界？构建人类命运共同体为全人类勾画出一幅崭新的世界图景。这一世界图景并不是超越现实社会发展阶段的理想社会，而是在国际社会既有制度框架下对现实社会的一种改进与完善。尽管不同国家制度不同、文化不同、文明不同，但是生活在不同制度、不同文化、不同文明下的人们追求美好生活的梦想是共同的。全世界 70 多亿人都属于"大家"这个整体，不能区分为"我们"或者"他们"，更不能隔阂为"正统"与"异端"。人类命运共同体不是推进一种或少数文明的单方主张，也不是谋求在世界上建设统一的行为体，更不是一种制度替代另一种制度、一种文明替代另一种文明，而是主张不同社会制度、不同意识形态、不同历史文明、不同发展水平的国家，在全

---

9 《习近平谈治国理政》第 2 卷，北京：外文出版社，2017 年，第 539 页。

球治理中目标一致、利益共生、权利共享、责任共担，促进人类社会整体发展，是不同国家、不同民族在充分自主发展基础上形成的一种世界新样态，是对中华文明中"和而不同""协和万邦"理念的现实实践。

在这个意义上说，构建人类命运共同体创造出人类文明新形态。"夫和实生物，同则不继。以他平他谓之和，故能丰长而物归之；若以同裨同，尽乃弃矣。"[10] 人类社会当然要走向世界历史，但不同国家和民族不能被一种制度、一个模式格式化。"和"是在"不同"的基础上形成的，如果一味追求"同"，否定排斥"异"，不仅不能使世界得到发展，反而会使世界走向衰落。"鹰击长空，鱼翔浅底，万物霜天竞自由"，这才是一个更加美好的世界，才是全人类共同价值倡导和追求的新世界图景。

---

10 左丘明：《国语·郑语》。

第十九讲

中国式现代化与世界现代化互动的双向积极意义是什么

吴忠民

改革开放以来，中国积极进行自主性的对外开放，顺应经济全球化的时代潮流，有效地与其他国家进行资源互补，积极汲取世界现代化的先进成果，进而将世界现代化对自身所形成的巨大压力转化为现代化建设的巨大内生动力。如今，中国的现代化与世界的现代化两者已然形成良性互动的局面，两者对于对方均具有积极的促进意义。

一、中国式现代化与世界现代化实现良性互动的时代良机

改革开放以来，中国抓住了难得良机，实现了自身现代化与世界现代化两者之间的良性互动，进而既促成了自身现代化建设的巨大跃升，同时也对世界现代化建设作出了重要贡献。从有利于中国自身加入到世界现代化潮流的维度看，中国同样也是抓住了实现自身与世界现代化良性互动的时代良机。

第一，现代化建设真正成为中国的时代中心任务。在经历了一个

艰辛探索的漫长历史时期之后，现代化建设方才真正成为中国的时代中心任务。中国的现代化始于晚清，但中国当时的现代化尚不具备实现与世界现代化良性互动的可能性。新中国成立后，中国式现代化建设拥有了自主发展的可能性。随之而来的是中国初步地实现了社会平等，初步建立起大工业体系，等等。这些，为日后中国现代化建设的跃升奠定了许多重要的、不可或缺的基础性条件。

从 1978 年开始，中国的时代中心任务实现了重大转移，中国将国家的主要任务定位为现代化建设。党的十一届三中全会提出，要"把全党工作的着重点和全国人民的注意力转移到社会主义现代化建设上来"。自此，现代化建设便成为中国的时代中心任务。以现代化建设为中心这一时代中心任务的确立，从根本上保证了中国改革开放的推进，使得中国现代化建设与世界现代化建设两者的良性互动成为一种可能。这是因为，现代化建设的一项重要内容就是必须进行对外开放，融入经济全球化的潮流当中，实现中国现代化与世界现代化的良性互动。邓小平指出："对外开放具有重要意义，任何一个国家要发展，孤立起来，闭关自守是不可能的。"习近平也指出："一体化的世界就在那儿，谁拒绝这个世界，这个世界也会拒绝他。"

第二，时代潮流和民意的双重顺应打牢了中国对外开放的基石。无疑，对于一个国家来说，科学有效的政策体系能够有力推动现代化建设，对发展中国家来说更是如此。而就政策体系而言，"只有同时做到了两个'顺应'，亦即：既'顺应民意'同时又'顺应时代潮流'，方能既有效地得到广大民众的广泛认同，同时又能够符合历史发展趋势而有效地推动社会发展"[1]。

改革开放以来，中国同时做到了两个顺应，即：不但以现代化建设为中心，建立起社会主义市场经济体制，积极推进对外开放，顺应了历史发展趋势，而且重视基本民生的改善，顺应了民意。时代潮流和民意的双重顺应，不但使中国式现代化建设得以大幅度跃升，而且使中国民众的基本生活状况得到大面积、大幅度的改善。民众基本生活状况的大幅度改善使得中国民众能够享有现代化建设包括对外开放所带来的成果，进而必然会高度认同现代化，高度认同作为现代化建设一个有机组成部分的对外开放。凡此种种，使得对外开放，使得中国式现代化与世界现代化的良性互动不但具有了坚实的历史基础，而且具有了坚实的民众基础，进而成为历史发展的必然趋势。

由上可见，改革开放四十多年来，世界和平与发展这样一个大的国际环境，为实现中国式现代化与世界现代化的良性互动提供了十分难得的时代良机，而中国式现代化的不可回逆之势也为中国式现代化实现同世界现代化的良性互动提供了极为重要的历史契机。

二、世界现代化对中国现代化的巨大推动作用

中国式现代化与世界现代化两者的良性互动首先表现为世界现代化对于中国式现代化的巨大推动作用。这表现在多个方面，其中，以下几个方面的现象比较凸显：

第一，助推了中国进出口总额的巨大增长。世界现代化能够为各个进行对外开放的国家提供巨大的国际市场空间。自 2001 年加入

1　吴忠民：《社会公正何以可能》，北京：人民出版社，2017 年，第 231—232 页。

WTO（世界贸易组织）以来，中国获得了前所未有的国际市场份额，中国的潜能和活力得以充分激发。通过自身艰苦辛勤的劳作，中国的进出口总额获得了巨大增长。其增长速度之快，变化之大，用"翻天覆地"一词来概括实不为过。从 1978 年开始，除了个别年份，中国的货物进出口总额每年都在高速增长；2002 年之后，更是以爆发性的速度增长。1979—2020 年，中国的货物进出口总额每年平均增长速度为 17.6%。1978 年，中国的货物进出口总额只有 206.4 亿美元，占世界进出口总额的比重为 0.8%，居世界第 29 位。到 2020 年，中国的货物进出口总额高达 46559.13 亿美元，是 1978 年的 230 倍，高居世界第一的位置。[2]

第二，促进了中国对市场经济的适应及完善。经济全球化是各个国家的必然趋势。市场经济既是世界现代化本身的一个有机组成部分，也是经济全球化的基础性纽带。而对于任何一个国家来说，是否拥有规范、完善的市场经济，能否适应市场经济并遵守市场经济的规则，不仅事关经济能否实现可持续发展的问题，而且事关对外经济竞争力。中国的市场经济是从无到有，逐渐形成和发展起来的。改革开放初期，在计划经济体制逐渐退出的条件下，中国提出了商品经济的问题。1992 年，中国提出了建立社会主义市场经济体制的目标。至此，市场经济在中国具有了正当性依据，从名义上讲正式取代了以往的计划经济，并由此获得初步却是长足的发展。2001 年，中国正式加入 WTO，自此中国融入整个世界的市场已经成为不可回逆之势。这一举动，对于中国自身市

---

2 国家统计局：《中国统计年鉴——2021》，北京：中国统计出版社，2021 年，第 3、345 页；国家统计局：《国际统计年鉴——2021》，北京：中国统计出版社，2022 年，第 3 页。

场经济的规范和完善，对于增强中国经济在国际市场（全球市场）上的竞争力，从制度安排层面上都具有不可替代的重大意义。

第三，促进了中国产业结构的升级换代。在对外开放和市场经济条件下，特别是中国加入 WTO 以后，在众多现代化程度较高的发达国家强大竞争力的"倒逼"之下，中国逐渐规范并完善自身的社会主义市场经济体制，提升自身的人力资本水准，引进大量的国外先进技术，等等。凡此种种，助推了如是情形的出现：中国的生产能力获得大幅度提高，产出量获得大幅度增加，更为重要的是，中国的产业结构实现了大幅度的升级换代。

第四，促进了中国现代化建设所需要的人力资本的培育及提升。经济现代化建设主要是通过"产出量"和"产出率"（生产率）两个方面的提高来实现的。随着现代化进程的推进，人们越来越重视产出率的提高问题，产出率越来越成为影响一个国家经济现代化水准的高低以及竞争力的强弱状况的关键因素。产出量的提高主要依赖于资金和劳动者数量的增加。而产出率的提高，则主要依赖于大量具有较高专业和职业水准的劳动者队伍。

由上可见，对外开放使中国真正地面对世界的现代化，让中国真正地融入世界的现代化潮流当中。世界现代化直接推动了中国式现代化建设。中国通过与别的国家进行资源互换、向发达国家学习以及从海外引进大量的中高端人才，通过由世界市场倒逼国内市场经济的规范和完善，通过中国在世界范围当中与别的国家特别是发达国家的竞争，使得中国自身的巨大潜能得以充分地激活和释放，中国的竞争能力由此得以大幅度增强。更为重要的是，中国式现代化内生动力由此得以促进和提升。而现代化内生动力对于中国式现代化建设来说，是最为根本性的事情。正是这种不断得到强化和提升的内生动力，能够确保中国式现代化建设得以长足、持续、稳定和健康的推进。

三、中国式现代化对世界现代化的重要贡献

从世界范围看，中国式现代化的起飞对世界现代化产生了重要的影响，作出了重要贡献。

虽然任何一个国家的现代化成功都会程度不同地对世界现代化产生影响，但应当看到，进行现代化建设的国家，其规模包括人口规模和经济体量的大小与其对世界现代化的贡献和影响力的大小两者之间有着密切的相关性。在相同现代化水准给定的条件下，由于各自在规模上的差别等原因，不同的国家对于世界现代化的具体贡献及影响力的大小有明显的差别。以色列、新加坡等国家，尽管其现代化建设取得了公认的成就，其现代化程度相对较高，但是由于其国家规模相对较小，因而它们对于世界现代化的相对贡献以及相对影响力不可能很大。相比之下，作为人口规模世界第一、经济体量巨大的中国，其现代化的巨大成就则必然会对世界现代化作出相对更为重要的贡献，必然会对世界现代化产生相对更大的影响。换言之，从世界范围看，在中国加入到经济全球化潮流当中并取得举世公认的巨大成就之后，世界现代化的整体局面较之以往有着明显的不同，亦即得到了明显的发展。

第一，成为世界经济发展的最为重要的推动引擎。中国经济现代化建设的长足推进，明显推动了整个世界经济的发展，中国成为全世界经济增长最为重要的引擎。1961—1978 年，中国对世界经济增长的年均贡献率仅为 1.1%；而在改革开放以后的 1979—2000 年，中国式现代化建设获得突飞猛进的发展，中国的人均 GDP 的年平均增长速

度为 9.2%。[3] 中国逐渐成为全世界经济增长的主要推动引擎。"1979—2012 年，中国对世界经济增长的年均贡献率为 15.9%，仅次于美国，居世界第 2 位。2013—2018 年，中国对世界经济增长的年均贡献率为 28.1%，居世界第 1 位。自 2006 年以来，中国对世界经济增长的贡献率稳居世界第 1 位，是世界经济增长的第一引擎。"[4]

　　第二，有助于发展中国家的现代化建设。作为一个有着一百多年半殖民地半封建屈辱历史，以及几十年现代化艰苦奋斗史的国家，中国对于其他发展中国家有着强烈的同理心。中国深知被压迫民族的苦难，深知发展中国家独立自主的现代化的极端重要性，也深知发展中国家现代化建设的极端艰巨性，同时，对许多发展中国家，特别是许多非洲国家在中国恢复在联合国合法权利等国际事务上的重要帮助，中国一直心存感念。正是出于这样的一些原因，中国对发展中国家的现代化建设进行了力所能及的援助，其力度之大，在同属发展中国家当中，当居首位。而且，同许多发达国家不同的是，中国对发展中国家现代化建设的援助没有任何附加条件。1964 年，周恩来总理在访问非洲时宣布："中国政府在对外提供援助的时候，严格尊重受援国的主权，绝不附带任何条件，绝不要求任何特权。"[5] 随着中国对于现代化建设规律认识程度的不断提高，随着社会主义市场经济体制的逐渐确立，中国同发展中国家之间的合作在内容和方式上有所调整。中国

3　国家统计局：《中国统计年鉴——2021》，北京：中国统计出版社，2021 年，第 4 页。

4　国家统计局国际统计中心：《国际地位显著提高国际影响力持续增强——新中国成立 70 周年经济社会发展成就系列报告之二十三》，2019 年 8 月 29 日，国家统计局网站，http://www.stats.gov.cn/sj/zxfb/202302/t20230203_1900437.html。

5　《周恩来选集》（下），北京：人民出版社，1984 年，第 429 页。

对于发展中国家现代化建设的帮助，基于"授人以鱼，不如授人以渔"的思路，从以往的重视对受援国的"输血"到如今越来越重视受援国自身"造血"机制亦即现代化内生动力的形成。

第三，增强了世界对共同社会风险的抵御能力。现代生产力的发展、科学技术的进步以及全球化程度的加深，一方面推动了人类文明的巨大进步，创造出巨量的社会财富；另一方面，也催生出各种各样巨量的社会纠纷矛盾和风险，这些纠纷矛盾和风险错综复杂地交织叠加在一起，并迅速扩散到世界的各个角落。在这样的背景下，人类社会的发展进程必然会面临大量的不确定性因素，面临大量的社会、经济及生态环境等方面的风险。这些纠纷矛盾和风险涉及多个方面，如果得不到有效的化解和抵御，则必然会导致国际金融危机、公共卫生危机、气候变化危机以及地缘政治冲突，等等。随着对外开放进程的推进以及综合国力的迅速提高，中国在抵御全球性的社会纠纷矛盾和风险的活动中，越来越扮演着积极参与和推动的角色。无论是在抵御1997年和2008年的两次国际金融危机中，还是在抵御2004年的"非典"公共危机中，中国均起了积极参与和推动的作用。特别是在2020年开始的抵御新冠肺炎疫情的公共危机中，中国所起的积极推动作用尤为显著。就总体而言，中国不仅成功地阻止了国内新冠肺炎疫情向别的国家的蔓延，而且为其他国家的抗疫活动作出了极为重要的贡献。特别需要提及的是，气候变化的风险对整个人类社会产生着越来越严重的危害，气候变化治理越来越成为各个国家现代化建设本身的一项重要内容。在应对气候变化风险方面，中国付出了巨大的、极为艰苦的努力，对世界作出了极为重要的贡献，中国已经从全球气候变化治理的积极参与者变为重要的"领跑者"。

第四，为世界和平作出了重要贡献。无论是从历史上看，还是从现代化起飞的时期看，中国都是以寻求外部环境的和平局面为自身生存和发展的必要条件。从历史上看，中国一直坚守和平的对外方略。从世界历史上看，曾经有不少强大的军事帝国，通过大规模的军事侵略，占领大量的国家，统治面积十分辽阔的地域，以掠夺他国的基本生存资源作为维系自身生存的一个必要条件。与之不同的是，中国不是依靠对外的军事侵略，掠夺他国的生存资源来维系自己的生存。中国的生产与发展一直是在向自身寻求动能，以自身相对有限的资源，通过极为勤奋的劳作来实现本民族的生存与繁衍；并且，在此基础之上，创造了延续至今的、高度繁荣的中国传统文明。"和衷共济、和合共生是中华民族的历史基因。"[6]整体而言，中国深知"国虽大好战必亡"的道理，十分提防穷兵黩武现象的出现。"实际上，只要不首先侵犯中国，中国是从不先发制人的。"[7]即便是在"日常"的对外交往活动中，中国也是遵循"厚往薄来"的特有行为规则，友好接待外国来访者，而不贪图、索取对方的利益。

基于和平发展的基本理念和行为取向，中国对世界的和平发展作出了重要贡献。比如，在维护国际秩序方面，中国一直维护以联合国为核心的国际体系，主张多边主义，反对单边主义，尤其是反对恃强凌弱的霸权主义；在国际经济交往中，中国一直主张依据世界贸易组织的规则进行平等互利的经济往来；在对待发展中国家的态度上，中

---

6 习近平：《中国发展新起点 全球增长新蓝图》，《人民日报》2016 年 9 月 4 日。

7 ［英］A.J. 汤因比、［日］池田大作：《展望二十一世纪——汤因比与池田大作对话录》，荀春生等译，北京：国际文化出版公司，1985 年，第 290 页。

国一直主张在互惠互利的同时，给予力所能及的帮助。

综上所述，改革开放以来，中国抓住了难得的时代机遇，实现了中国现代化与世界现代化的良性互动。一方面，世界现代化的促进，是中国式现代化建设之所以能够取得巨大成就的一个重要原因；另一方面，从某种程度上讲，世界现代化的推进也得益于中国式现代化建设的助推。世界现代化正是因为有了中国式现代化建设的推动而与以往有了明显的不同。同时应当看到，中国式现代化与世界现代化两者的良性互动不可能是一帆风顺的，只有中国实现了自身高质量的经济发展，进一步提高对外开放、深入融入经济全球化的历史潮流，才能够有效地推进自身的现代化建设，同时有助于逐渐改善国际关系基本格局，为世界现代化健康、可持续推进提供有益的助推力量。

第二十讲

促进世界和平与发展的中国方案

刘恩东

2023 年 3 月 5 日，习近平在北京出席中国共产党与世界政党高层对话会，并发表题为《携手同行现代化之路》的主旨讲话指出，中国共产党将始终把自身命运同各国人民的命运紧紧联系在一起，努力以中国式现代化新成就为世界发展提供新机遇，为人类对现代化道路的探索提供新助力，为人类社会现代化理论和实践创新作出新贡献。

党的十八大以来，中国共产党积极顺应历史发展大势，深刻洞察国际风云变幻，全面统筹国内国际两个大局、发展和安全两件大事，提出了为世界谋大同的人类命运共同体理念。这一理念是中国共产党将马克思主义基本原理与中国特色大国外交实践、同中华优秀传统文化相结合的重大理论成果，集中体现了中国共产党始终坚持胸怀天下的国际主义情怀。

一、人类命运共同体理念的演进

2011 年 9 月,国务院新闻办公室发布的《中国的和平发展》白皮书,首次提出以"命运共同体"为新视角来寻求人类共同利益和共同价值的新内涵,寻求各国合作应对多样化挑战和实现包容性发展的新道路。白皮书指出:"不同制度、不同类型、不同发展阶段的国家相互依存、利益交融,形成'你中有我、我中有你'的命运共同体。"[1] 2013 年 3 月 23 日,习近平在莫斯科国际关系学院发表了题为《顺应时代前进潮流 促进世界和平发展》的演讲,提出人类"越来越成为你中有我、我中有你的命运共同体"。这是习近平第一次在外交场合提出人类命运共同体理念,明确表达了中国崛起后与世界的相处之道,引发国际社会高度重视。

2015 年 9 月,习近平在第七十届联合国大会一般性辩论时的讲话中,从政治、经济、安全、文化、生态等方面提出构建人类命运共同体的目标。 2017 年 1 月,在联合国总部的演讲中,习近平向世界阐释了构建以合作共赢为核心的新型国际关系的重大理论意义与现实意义,进一步提出了支撑新型国际关系架构"五个世界"的总布局。[2] 人类命运共同体理念逐步从理念、倡议向形成解决世界共同性问题的中国方案走深走实。在中国的倡导下,人类命运共同体理念被越来越多的国家及国际组织所接受,作为国际共识写入联合国社会发展委员会、联合国安理

1　国务院新闻办公室:《中国的和平发展》白皮书,2011 年 9 月 6 日,国务院新闻办公室网站,http://www.scio.gov.cn/ztk/dtzt/58/7/Document/999992/999992.htm。

2　《习近平出席"共商共筑人类命运共同体"高级别会议并发表主旨演讲 提出构建人类命运共同体 实现共赢共享 建设一个持久和平、普遍安全、共同繁荣、开放包容、绿色低碳的世界》,《人民日报》2017 年 1 月 20 日。

会、联合国人权理事会、联合国大会、上海合作组织成员国元首理事会撒马尔罕宣言等多项决议和双多边合作文件，成为在世界秩序大变革、国际格局大调整时代背景下构建新型国际关系的指导原则。以人类命运共同体理念为核心的中国话语逐渐成为塑造国际性制度规范的世界话语，这是中国积极推动、引领全球治理变革的重大历史性成就。

党的十九大报告从重大意义、理论内涵、现实依据和基本目标等方面全面系统地阐释了构建人类命运共同体的重要理念，强调中国始终做世界和平的建设者、全球发展的贡献者和国际秩序的维护者，并将其分别列为新时代坚持和发展中国特色社会主义的"八个明确"和"十四个坚持"之一。党的十九大把"推动构建人类命运共同体"写入新修改的《中国共产党章程》，体现了中国共产党对人类命运的责任意识。2018 年，十三届全国人大一次会议通过《中华人民共和国宪法修正案》，将"坚持和平发展道路，坚持互利共赢开放战略，发展同各国的外交关系和经济、文化交流，推动构建人类命运共同体"写入我国宪法序言。中国是世界上唯一将推动构建人类命运共同体写入宪法的国家，使构建人类命运共同体理念正式上升为国家意志。

二、人类命运共同体理念的新发展

党的二十大报告进一步将推动构建人类命运共同体与促进世界和平与发展的时代主题相联系，提出"促进世界和平与发展，推动构建人类命运共同体"。报告强调中国坚定奉行独立自主的和平外交政策，坚决反对一切形式的霸权主义、强权政治，反对冷战思维，反对干涉别国内政，反对搞双重标准；宣示了中国通过推动构建人类命运共同体促进世界和平与发展的价值意蕴、行动导向与美好愿景，阐释了中国永远不称霸、永远不搞扩张的和平发展立场；指出中国式现代化是走和平发展道路的现代化，将"推动构建人类命运共同体，创造人类文明新形态"纳入中国式现代化的本质要求；强调中国在坚持和平共处五项原则基础上，同各国发展友好关系，推动构建新型国际关系，注重深化拓展平等、开放、合作的全球伙伴关系；提出推动构建"和平共处、总体稳定、均衡发展"的大国关系格局，在党的十九大报告提出的构建"总体稳定、均衡发展"大国关系框架上增加了"和平共处"并将其置于首位，彰显了中国既有崇尚和平发展的真诚愿望，又有实现和平发展的不懈追求。

党的二十大报告指出："构建人类命运共同体是世界各国人民前途所在。""中国始终坚持维护世界和平、促进共同发展的外交政策宗旨，致力于推动构建人类命运共同体。"中国在通过争取和平国际环境发展自身的同时，又以自身发展促进世界和平。报告呼吁各国弘扬和平、发展、公平、正义、民主、自由的全人类共同价值，以文明交流超越文明隔阂、文明互鉴超越文明冲突、文明共存超越文明优越。这是中国共产党站在新的历史起点，在人类历史再次站在十字路口的关键时刻作出的重大战略抉择，向世界阐明了中国坚定不移走和平发展道路，矢志不渝推动构建人类命运共同体的坚定信念。

中国共产党关于人类命运共同体的新理念新论断，是中国共产党准确把握共产党执政规律、社会主义建设规律、人类社会发展规律，增进人类福祉的经验总结；是新时代新征程中推动构建更加公正合理的国际秩序的科学指南；是中国式现代化道路及中国特色社会主义制度的内在要求及世界意义表达；是在全面推进中国特色大国外交中践行正确义利观以及新的发展观、安全观、合作观、文明观、全球治理观的集中体现。这些新思想新论断坚持马克思主义理论自觉，立足中国实践、坚持中国道路、展现中国自信、贡献中国方案、分享中国经验，体现了理论逻辑、实践逻辑和价值逻辑的高度统一，必将对人类历史发展进程产生深远的影响。

三、人类命运共同体理念的时代价值

人类命运共同体理念，是中国共产党建党 100 多年来正确认识和处理中国与世界关系、深刻总结为人类进步事业而奋斗实践经验的理论升华。中国共产党自成立初始，就把实现共产主义作为自己的最高理想和最终目标，义无反顾地肩负起实现中华民族伟大复兴的历史使命。建党 100 多年来，中国共产党永葆初心，锚定世界发展的正确方向，始终坚持胸怀天下，始终以世界眼光关注人类前途命运，坚守为人类进步事业而奋斗的国际主义情怀，为人民谋幸福、为民族谋复兴、为世界谋大同。党的十八大以来，中国共产党牢牢把握服务民族复兴、促进人类进步这条主线，坚定维护国家主权、安全和发展利益，推动构建人类命运共同体，始终把为人类作出新的更大贡献作为自己的历史使命。这正是中国共产党树立正确的历史观大局观，牢牢把握世界历史发展大势，深刻认识中国与世界关系发生的历史性变化，深入洞察人类文明进步规律的重要体现。

推动构建人类命运共同体是解决人类社会发展问题、积极参与全球治理体系改革和建设的中国方案。基于对国际局势的深刻判断和对自身发展的正确认识，中国共产党把中国自身的前途命运与世界人民的前途命运紧密相连，把构建人类命运共同体作为应对、引领世界百年变局的正确方向，准确识变、科学应变、主动求变，作出了统筹"两个大局"、推动构建人类命运共同体的战略决断，为妥善应对全球性挑战、解决人类社会发展问题贡献了中国智慧和中国方案，从而赢得了历史主动和战略主动。

人类命运共同体理念秉持正确的全球文明观，坚守和平、发展、公平、正义、民主、自由的全人类共同价值，是给世界人民带来福祉的人间正道。当今世界是一个你中有我、我中有你的地球村。世界各国既不能封闭排外、独善其身，也不能唯我独尊、以邻为壑，而是要强调人类的整体性，把构建人类命运共同体作为全人类的共同追求，携手应对人类所面临的共同威胁和挑战。人类命运共同体理念尊重人类文明的多样性、独特性和自主性，注重不同文明的兼收并蓄、包容互鉴，寻求人类文明的最大公约数，超越了不同意识形态的分歧及不同社会制度、发展阶段的差异，超越西方中心主义的偏狭话语体系，在全球化时代彰显着无产阶级国际主义的时代价值。建设一个开放包容的世界，构建以全人类共同价值为导向的人类命运共同体，塑造人类文明新形态，这是中华民族伟大复兴的世界意义表达，充分体现了新时代中国特色社会主义的道路自信、理论自信、制度自信和文化自信。人类命运共同体理念以其鲜明的真理性、时代性和实践性，成为中国引领时代潮流和人类文明进步方向的鲜明旗帜。

四、积极推动构建全方位、多层次、立体化的人类命运共同体

中国不仅是人类命运共同体理念的创立者和倡导者，更是坚定的推动者和实践者。中国提出人类命运共同体理念以后，受到国际社会的广泛赞誉。中国顺应和平发展的时代潮流，坚持增进人类共同福祉的坚定信念，超越"国强必霸"的西方逻辑，维护和践行真正的多边

主义，推动国际合作，坚守和平、发展、公平、正义、民主、自由的全人类共同价值，推进全方位、多层次、立体化的人类命运共同体构建。

中国目前主要从四个层面推动构建人类命运共同体。在全球层面，中国致力于推动构建人类命运共同体。在地区合作层面，中国致力于推动构建周边命运共同体、亚洲命运共同体等命运共同体。在双边关系层面，中国与巴基斯坦、越南等国家构建命运共同体。在应对全球性挑战的功能领域层面，中国积极推进网络空间命运共同体、核安全命运共同体、海洋命运共同体、人类卫生健康共同体、人与自然生命共同体、地球生命共同体、全球发展共同体、人类安全共同体等命运共同体建设。习近平在第七十六届联合国大会一般性辩论上的讲话和在博鳌亚洲论坛 2022 年年会开幕式上的主旨演讲中，分别提出了全球发展倡议和全球安全倡议，从理论建构和政策布局等方面提出了中国推动、引领全球治理体系变革的方案。全球发展命运共同体与人类安全共同体是继"一带一路"倡议后中国提出的重大国际合作倡议，是推动构建人类命运共同体的重要支柱，赋予人类命运共同体建设以新内涵和新路径，是推动人类命运共同体建设走向深入的重大创新。

随着全球发展共同体和人类安全共同体构建的逐步落实，中国推进人类命运共同体建设不断向全方位、多层次、立体化方向拓展。中国以大国胸襟、大国道义、大国责任和大国担当擘画人类命运共同体的美好蓝图，必将有力推动世界发展进步，造福各国人民。